伊拉克
涉商法律汇编

李　杰　李　申　编译

A Collection of Iraqi Laws on Commercial Affairs

暨南大学出版社
JINAN UNIVERSITY PRESS

中国 · 广州

图书在版编目（CIP）数据

伊拉克涉商法律汇编／李杰，李申编译．—广州：暨南大学出版社，2019.12
ISBN 978－7－5668－2743－2

Ⅰ.①伊…　Ⅱ.①李…②李…　Ⅲ.①商法—汇编—伊拉克
Ⅳ.①D937.739.9

中国版本图书馆 CIP 数据核字（2019）第 219813 号

伊拉克涉商法律汇编
YILAKE SHESHANG FALU HUIBIAN
编译者：李　杰　李　申

出 版 人：徐义雄
责任编辑：武艳飞　康　蕊
责任校对：苏　洁
责任印制：汤慧君　周一丹

出版发行：暨南大学出版社（510630）
电　　话：总编室（8620）85221601
营销部（8620）85225284　85228291　85228292（邮购）
传　　真：（8620）85221583（办公室）　85223774（营销部）
网　　址：http：//www.jnupress.com
排　　版：广州良弓广告有限公司
印　　刷：广东信源彩色印务有限公司
开　　本：787mm×1092mm　1/16
印　　张：11
字　　数：176 千
版　　次：2019 年 12 月第 1 版
印　　次：2019 年 12 月第 1 次
定　　价：48.00 元

前　言

党的十九大报告提出“推动形成全面开放新格局”，“创新对外投资方式，促进国际产能合作，形成面向全球的贸易、投融资、生产、服务网络，加快培育国际经济合作和竞争新优势”，为新时期推动对外投资合作高质量发展进行了全面部署。开拓海外市场，由于其行为发生在国外，除应遵照我国颁布的有关法律法规和政策，接受我国在当地大使馆、领事馆的指导和监督外，还要严格遵循《国际法》的基本准则以及国际惯例，并在企业注册登记、劳动用工等方面遵守业务所在国的法律法规，尊重当地的文化习俗，并严格按照所在国的法律及政策办事。唯其如此，才能取得预期的经济效益。

伊拉克位于亚洲西南部，阿拉伯半岛东北部，历史悠久，公元前2000年建立巴比伦王国，被誉为“四大文明古国”之一。伊拉克油气资源丰富，石油探明储量1 425亿桶，占世界总储量的9%，居世界第五位；天然气探明储量3.2万亿立方米，占世界总储量的1.7%，居世界第十二位。石油工业是伊拉克的主要经济支柱，除石油领域外，电力行业在战争中损毁严重，面临巨大缺口，是伊拉克政府重点发展的行业之一。此外，市政基础设施、交通运输、农业、通信也是优先发展领域。中国和伊拉克自1958年建立外交关系以来，两国在政治、经济、文化等领域合作广泛。2017年，中国是伊拉克最大贸易伙伴，伊拉克是中国在西亚北非地区第三大贸易伙伴；中资公司新签承包工程合同额在西亚北非地区居首位；中国是伊拉克最大原油买家，伊拉克是中国前十大原油供应国。2018年，伊拉克重建国际会议在科威特召开，重建资金需求880亿美元，市场潜力巨大，但机遇与挑战并存。

为了更好地开拓伊拉克市场，对其相关法律法规进行深入的调查研究，将起到举足轻重的作用。《伊拉克涉商法律汇编》对伊拉克的相关法律进行了介绍，旨在为我国企业在海外业务及投资中有效规避并控制法律风险提供参考及借鉴，以利于我国企业海外投资项目的顺利进行。本书包括两部法律，分别是《伊拉克劳动法》（2015）、《外国公司在伊拉克注册分支机构条例》（2017）。为了实用起见，本书采用中英文对照的方式进行编排。

由于本书两部法律的英文版并非官方发布，且中文译校水平有限，难免存在不足之处，敬请广大读者批评指正。

编译者

2019 年 11 月

目　录

外国公司在伊拉克注册分支机构条例

（2017年第2号）

第一条

在本条例中，下列词语含义如下：

1. 部长：贸易部部长。

2. 注册官：公司注册官。

3. 外国公司：根据外国法律在伊拉克境外设立的公司。

4. 注册证书：一份由公司注册官签发的宣布外国公司在伊拉克注册分公司的文件。

5. 分公司：外国公司在伊拉克的代表法律实体。

第二条

凡外国公司希望在伊拉克从事贸易活动的，可自其成立之日起满两年，向注册官提交正式翻译为阿拉伯语并经原籍国主管部门确认合法的下列文件，在伊拉克开设分公司：

1. 注册官指定的证书申请表格。

2. 外国公司的公司章程、组织规章或等效文件。

3. 外国公司的注册证书或等效文件。

4. 外国公司董事会董事名单，注明每名董事的姓名、国籍以及授权签字人的姓名。

5. 被授权管理伊拉克分公司并实际居住在伊拉克的经理的授权文件。

6. 被指定提交在伊拉克开设分公司申请的人员的授权文件。

7. 外国公司上一财政年度的决算。

8. 注册官规定格式的各种保证书。

9. 注册官要求提交的关于公司业务的任何其他文件。

第三条

1. 自申请之日起 30 个工作日内，注册官应就外国公司申请伊拉克分公司注册证书一事作出批准或拒绝的决定。如注册官未在上述时间内对本条例第二条所述的申请作出回应，则视为本申请已被接受；如申请被拒，则须给出拒绝之理由。

2. 外国公司可依法对拒绝的决定提出异议。

3. 被授权在伊拉克注册分公司的人员，须在支付法律规定的费用后 15 日内在当地报纸公布分公司注册决定，否则该决定视为无效。

4. 注册官在其内部公报中公布其核准决定。

5. 注册官自上一次公告之日起七个工作日内签发注册证书。

第四条

注册证书并不被视为开展商业活动的许可。

第五条

1. 分公司应向注册官提交下列文件：

（1）由主管机关认证的载明伊拉克分公司住所之详细地址的正式文件。

（2）伊拉克有资质的银行发出的支持函，确认该分公司已开设活期存款账户。

（3）由专门主管此类活动的部门颁发的业务活动许可证。

2. 取得注册证书的分公司，如未提交本条第 1 款所述文件，则无权进行商业活动。

3. 分公司应遵守以下规定：

（1）在所有的单证和文件上用阿拉伯语注明总部的名称及其在注册证书中的全称，可辅以外文。

（2）账簿——按照会计条例和相关法律，定期用阿拉伯语对其在伊拉克境内的所有活动进行记账。

第六条

分公司在下列情况下可从事商业活动：

1. 与伊拉克任一政府部门、公共部门和公私混合部门签订合同。

2. 根据伊拉克投资法取得投资许可。

3. 从伊拉克任一合法部门获得营业执照。

4. 如与伊拉克私营部门进行交易，则前提是合同金额或项目价值不得低于100万美元。

第七条

1. 分公司应由一名经理管理，当经理缺席时，可由外国公司授权他人代表该经理进行管理，前提是该人员必须居住在伊拉克。

2. 如果外国公司更换分公司经理或其授权代表，则必须通知注册官，通知时限为伊拉克驻该国大使馆对该变更文件进行认证后的30个工作日内。

第八条

1. 分公司的账目和活动须由伊拉克特许注册会计师进行审计。

2. 分公司须在第二年的8个月内，向注册官提交其上一年度经审计的决算以及其在伊拉克商业活动的报告。

第九条

为便于适用法律规定之目的，注册官可要求分公司提供任何所需的资料或文件。

第十条

如有需要，注册官可挑选一名或多名有资格且经验丰富的监察员，对分公司的业务进行检查，而该分公司须提供一切必要设施，以便监察人员完成工作。

第十一条

1．在下列情况下，注册官可作出合理决定，取消分公司的注册证书，并将其名字从记录中注销：

（1）如该分公司自最近一次交易活动之日起满四年未能遵照本条例第九条进行商业活动。

（2）如颁发注册证书后连续两年未向注册官提交决算报表及其他所需文件，而又无任何正当理由。

（3）如证明分公司提交了虚假文件或错误信息。

（4）如证明分公司正在实施违背伊拉克法律的活动或从事影响国家安全的业务。

2．外国公司可依法向有管辖权的法院就注册官撤销和终止分公司的决定提起诉讼。

3．注册官须在获得判决后或诉讼期满后在其内部公报和一份日报上一次性公布上述撤销决定。

第十二条

1．自伊拉克驻外国公司所在国领事馆对文件进行认证从而确认下列情况之日起60个工作日内，外国公司应提交申请，清算其在伊拉克的分公司。

（1）宣布破产。

（2）因与其他公司合并而失去法人资格。

（3）外国公司希望对分公司进行清算并结束其在伊拉克的业务。

2．外国公司应委派一名或多名清算人员跟进清算程序。

3．注册官自外国公司提出清算申请之日起15个工作日内发布清算决定。

4．注册官一次性在两份当地报纸上公布清算决定，并自发布清算决定之日起七个工作日内通知伊拉克各主管部门。

5．分公司完成清算程序，并自发布清算决定之日起两年内提交最终清算账目。

6．自清算程序期满后七个工作日内，注册官发布将分公司从其记录中删除的决定。

7．清算程序未在本条第5款规定的期限内完成的，注册官应注销其注册证书，终止分公司。

8．被注销注册证书并终止分公司的外国公司，应承担其分公司在伊拉克存续期间所产生的法律和财务责任。

9．注册官在其公告中公布终止决定，并通知主管部门。

第十三条

1．如果外国公司依照为在伊拉克从事商业活动而制定的专门规章表格开展贸易活动，则须向注册官提供报告。

2．政府当局、公共部门和公私混合部门应向注册官提供外国公司分公司所从事商业活动的报告，这些商业活动是依照专门制定的规章表格而开展的。

第十四条

1. 外国公司在不具备本条例规定的注册证书的情况下，不得在伊拉克从事任何商业活动或开设住所。

2. 外国公司目前在伊拉克现有的分公司和办事处，无论注册与否，均须在本条例生效之日起一年内按照本条例的规定调整其法律事务。

第十五条

在公司法（1997 年第 21 号）中规定的处罚及条款适用于分公司。

第十六条

废除外国公司之分公司和代表处条例（1989 年第 5 号）。

第十七条

本条例自在政府公报中发布之日起生效。

伊拉克劳动法

（2015 年第 37 号）

第一章　定义

第一条

本法所称下列用语，含义如下：

1. 部：劳动和社会事务部。

2. 部长：劳动和社会事务部部长。

3. 部门：就业和贷款部。

4. 主管部门：任何负责执行本法规定的部门。

5. 工作：劳动者为获得工资而付出的每一项精神或体力劳动，无论是长久的、偶然的、临时的、兼职的或季节性的。

6. 劳动者：为获得本法规定的任何形式的工资，在雇主的指导、监督和管理下工作的每一个自然人，无论是男性还是女性，无论是凭借书面或口头、明示或默示合同作为实习生或试用人员，无论其从事脑力劳动还是体力劳动。

7. 参保劳动者：凡从事集体或个人工作项目，或在不受监管的劳动部门工作，向劳动者养老和社会保障基金支付社保费，由养老基金向其提供担保、服务、补偿、奖金或工资的每一个人。

8. 雇主：以任何形式的工资雇用一名或多名劳动者的任何自然人或法人。

9. 劳动合同：任何明示或默示、口头或书面的协议，劳动者据此协议在雇主的管理和监督下进行工作或提供服务，并得到任何形式的工资。

10. 临时工作：需要一段特定时间执行和完成的工作。

11. 偶发工作：由于意外情况所需的工作，从性质上讲，不包括雇主开展的活动，且完成工作时间不超过6个月。

12. 强迫工作：通过威胁迫使他人从事的工作或服务，并非出于其本人自愿。

13. 兼职工作：在低于本法规定的正常每日工作时间的工作时间内进行的工作，不论该工作是每日进行的，还是在每周的一定天数内进行的；工作时间按周计算，或者在一定的聘期内平均计算。

14. 工资：劳动者因从事任何类型工作而有权享有的所有现金或实物津贴，外加给予任何类型劳动者的所有津贴和应付的加班工资。

15. 劳动纠纷：以劳动者、劳动者团体、劳工协会或其组合为一方，就本法之规定或其他关于工作和劳动者的适用法所代表的现有权利，或就与个人或集体劳动合同相关的适用机制和解释及其仲裁裁决相关的问题，与以雇主、雇主团体、雇主协会或其组合为另一方之间产生的任何争议或任何来自与修改当前雇用条款或批准新的雇用条款有关的未来利益上的争议。

16. 集体谈判：雇主或雇主团体，或其一个或多个协会，与一个或多个劳工协会，或在没有劳工协会的情况下根据本法规定选出的劳动者代表之间的谈判，以确定劳动关系或劳动条件，以及安排当事人或其协会之间的关系。

17. 集体协议：由雇主、雇主团体或其一个或多个协会为一方，与一个或多个劳工协会，或在没有劳工协会的情况下，与选出的劳动者代表之间所签订的所有书面协议。这些协议规范着劳动条款和劳动关系，以及与工作条件和雇用条款相关的招聘条款。

18. 实习生：每一位正在接受实习、培训或资格认证的人。

19. 培训计划：包括职业培训、教育培训或创业培训。

20. 未成年工：就本法而言，凡年满15周岁且未满18周岁的人，无论男性或女性。

21. 儿童：任何未满15周岁的人。

22. 劳工协会：财政独立和行政独立的自由劳工协会，具有法人资格，代表劳动者的利益，维护劳动者的权利，改善劳动者的工作条件，并依据本法在面对不同机构时代表劳动者。

23. 外籍劳动者：凡不具有伊拉克国籍，并在伊拉克工作或希望在伊拉克工作的，不是为自己工作的自然人。

24. 项目：由根据劳动合同聘用一名或多名劳动者的自然人或法人进行管理的每个工作场所。

25. 直接歧视：任何基于种族、肤色、性别、宗教、教义、政治观点和信仰、起源或民族主义的区别、排斥或偏爱。

26. 间接歧视：任何基于国籍、年龄、健康、经济或社会地位、工会隶属关系或活动的歧视、排斥或偏好，这些歧视、排斥或偏好将扼杀或妨碍在就业和职业待遇方面实现平等机会或平等待遇。

第二章　目标与适用性

第二条

本法旨在规范劳动者与雇主及其协会之间的劳动关系，以保护劳动者的权利，实现基于社会正义和平等的可持续发展，确保所有人获得体面的工作，不受任何歧视地发展国民经济，实现人权和基本自由，组织雇用在伊拉克共和国工作或愿意在此工作的外籍劳动者，并执行正式批准的阿拉伯和国际劳工组织公约。

第三条

1. 本法适用于伊拉克共和国境内的所有劳动者，本条第2款另有规定除外。

2. 本法的规定不适用于：

（1）根据公务员法或特别法律规定任命的公职人员。

（2）武装部队成员，警察和国内安保人员。

第三章　基本原则

第四条

工作是每个能够履行职责的公民的权利，国家应努力在机会均等的基础上为其提供工作，不得有任何形式的歧视。

第五条

该法应确保劳动者的劳动权利和劳动期限。被保人员的服务应按实际服务计算，用于确定在政府部门和公共部门任职的伊拉克劳动者的工资和养老金。

第六条

劳动自由受到保护，不得限制或者剥夺劳动权利。国家奉行加强全面有效工作的政策，尊重其中的基本原则和权利，无论是通过法律还是通过适用机制，具体包括：

1. 工会自由和有效的集体谈判权。
2. 消除一切形式的强迫或强制劳动。
3. 有效消除童工现象。
4. 消除就业和职业歧视。

第七条

伊拉克共和国的最低就业年龄为15周岁。

第八条

1. 本法禁止以任何理由违反或忽视平等待遇原则。特别是劳动者之间的歧视，无论是与职业培训、就业或工作条件有关的所有事项，也无论是直接歧视还是间接歧视。

2. 本法禁止以不加入工会或放弃加入工会的权利为条件雇用劳动者。

3. 如果根据某种工作性质的资质要求而产生歧视、排斥或特殊对待，则不应视为不公平待遇。

第九条

1. 本法禁止一切形式的强迫或强制工作，其中包括：

（1）奴役或债务劳动。

（2）抵债性劳动。

（3）秘密贩运移民和劳动者，其性质是非选择性的工作。

（4）包括强制性因素在内的家务劳动。

2. 如果按下列方式从事工作，则不视为强迫或强制工作：

（1）根据法院定罪而施加于任何人的工作或服务，前提是此类工作或服务是在公共主管部门的监督和控制下进行的，并且此人并非由个人、公司或协会雇用或被置于其支配之下。

（2）按照本法规定，完成作为公民的正常义务的一部分工作或服务。

（3）任何在紧急情况下或在一般情况下被施加的工作或服务，通常是在威胁到全部或部分人生存福祉的情况下。

第十条

1. 本法禁止职业中的性骚扰，无论是在求职、职业培训、就业或工作条件等方面。

2. 本法禁止任何在工作环境中对他人造成敌对、恐吓或冒犯的行为。

3. 根据本法规定，性骚扰是指任何影响女子或男子尊严的带有性的性质的或基于性的身体上或口头上的行为，该行为被认为是不受欢迎的、不合理的，并对接受者造成侮辱，因此任何人对这种规定拒绝或不服从，无论是明确的还是含蓄的，都可能对其工作造成决定性影响。

第十一条

1. 当劳动者在职场中遭受任何形式的强迫、歧视或骚扰时，有权向劳动法院提出申诉。

2. 凡违反本章有关童工、歧视、强制工作和性骚扰之规定的，应根据具体情况，处以六个月以下监禁和100万伊拉克第纳尔以下的罚款，或其中任何一种惩罚。

第十二条

如果主要雇主将其工作或部分工作分包给另一雇主，则在相同的工作条件下，分包商必须为属于自己的劳动者和主要雇主的劳动者提供平等的权利，双方雇主必须在这方面共同承担责任。

第十三条

为了确定一个人是否被另一个人雇用，法院应根据与履行工作有关的事实和支付给该劳动者的工资，来确定双方之间关系的性质，而不论双方在违规性的合约中或非契约性的安排下对双方关系如何描述。

第十四条

1. 本法规定的权利是劳动者权利的最低门槛。如果任何其他法律、劳动合同、协议或决议所赋予劳动者的任何权利优于依据本法所确定的权利，则本法之规定不得影响之。

2. 劳动合同、协议中有关劳动者放弃本法规定的权利的条款无效。

3. 本法没有规定的，适用于经正式批准的相关阿拉伯和国际劳工公约。

第十五条

本法规定的期限和日期，应按公历计算。就本法而言，一年为365天，一个月为30天。

第十六条

对于劳动关系的合同、记录、文件等，均应使用阿拉伯语。在库尔德自治区，库尔德语应与阿拉伯语一起使用。任何使用外语签署的文件，即使文件中有劳动者本人的签名，亦不能用于劳动者。

第四章　就业与职业培训

第一节　就业

第十七条

1. 劳动力规划和就业高级委员会应由内阁决定成立，由部长任主席，成员由来自相关部委、劳工协会和最有代表性的雇主协会代表组成。该委员会应制定就业和职业培训的总体政策。

2. 委员会的构成、运作和人数应根据部长的指示决定。

第十八条

劳动和社会事务部应设立分布适当的一般就业部门，以促进其与雇主和劳动者之间的沟通。这些部门应免费提供服务，劳动和社会事务部应根据部长的指示确定其职能和权限。

第十九条

上述部门下设的就业部应承担下列职责：

1. 根据现有的机会，免费为劳动者、求职者和雇主提供就业服务。

2. 与公共、私营、公私混合和合作社部门合作，负责组织劳动力市场，以实现和保持充分就业并开发人力资源。

3. 协助劳动者找到与其专业技能、脑力和体能相称的工作，并协助雇主寻找适合工作的劳动者。

4. 为求职者进行登记，说明他们的专业资质、经验和意愿，并对其进行面试，评估他们的体能和职业能力，并协助他们获得专业指导、咨询或再培训。

5. 从雇主那里获得有关职务空缺的信息，以及潜在劳动者需要满足的条件的准确信息。

6. 根据本法第三十条和第三十一条的规定，提名符合专业技能、脑力和体能要求的伊拉克求职者或非伊拉克籍劳动者，前提是其具有规定的工作资格。

7. 向求职者提供一份《就业卡》文件，其中应注明其个人资料和所寻求的工作类型。

8. 如果找不到适合求职者的工作，或就职空缺在最初的部门无法得到填补，又或者在其他情况下提出上述要求并获得求职者同意，则将工作机会和空缺寻求者转介到另一个就业部门。

9. 与相关协会、行政部门和工会合作，定期编制数据；为公共部门、相关的劳工协会和雇主定期并准确地提供、收集和分析有关劳动力市场状况的信息，包括国家、行业、专业或不同地区的预期发展情况。

10. 采取适当的行动以促进以下方面：

（1）国家劳动力在各种职业中的流动。

（2）国家劳动力向有适当工作机会的地区流动。

（3）国家劳动力从一个地区向另一个地区的临时流动，以提供劳动力及其需求。

（4）在互惠原则基础上，经政府授权的劳动力从一个国家流动到另一个国家。

第二十条

1．劳动和社会事务部应成立一个三方委员会，即三方顾问委员会，由该部和有关部委的代表，以及最有代表性的劳工协会和雇主代表共同组成。

2．劳动和社会事务部负责对三方顾问委员会的磋商程序提供行政支持，并对委员会所代表的协会进行适当的安排，以资助该委员会的成员所需的任何培训。

第二十一条

雇主应履行下列义务：

1．在出现就职空缺不超过 10 天内，通知其所在地区的就业部门有关现有空缺的情况。就业部门应按照以下程序，通知相应的求职者：

（1）雇主应向其所在地区的就业部门提出请求，说明所需工作的类型和求职者应满足的具体要求。

（2）如果在其记录中有符合需求的劳动者，则就业部门应对上述请求作出答复，否则，该部门应联系其他部门，以答复该请求。

（3）主管部门在收到雇主的请求并进行登记之日起 15 天内，应以提名信或谢绝信的方式通知雇主。

2．雇主在收到就业部门的提名通知后，可立即雇用劳动者。

第二十二条

如果有客观原因妨碍接受被提名的工作，或该工作不适合其职业和技术水平，则求职者有权拒绝此份工作。在此情况下，其将丧失排序权。而其可提交新的申请，并可就此重新排序。

第二十三条

1．劳动和社会事务部应为私人就业事务处颁发许可证，前提是该事务处不得从受雇的劳动者那里收取任何佣金或费用作为回报。

2．本条所述设立私人就业事务处的条款及条件，包括该事务处每年续发牌照及撤销牌照的规则和条件，其管理方法和对其监督机制应根据部长在这方面的指示加以确定。

第二十四条

1．用人单位违反本法第二十一条规定的用工条件的，将处以三个月以上六个月以下有期徒刑，并处以 10 万以上 50 万以下伊拉克第纳尔的罚款，或两者任取其一。罚款的金额应与违规行为相一致。

2．如果上述违规行为再次发生，则本条第 1 款规定的罚款应加倍。

第二节　职业培训

第二十五条

1．职业培训的目标如下：

（1）对适龄就业人员进行培训，为其提供各种工作的技术专业知识，以便为各就业部门提供所需的合格技术技能。

（2）对失业劳动者进行再就业培训，为就业后和面临失业风险的劳动者提供不同层次的资格、技能发展再培训，以提高其专业能力和生产力水平。

2．集体合同中应概述劳动者和雇主在职业培训方面的权利和义务。

第二十六条

1. 公立和私立职业培训中心应按照本法的规定向就业部门提供职业培训方案，就业部门应就培训方案的技能类型提出意见，并着手培训后的就业问题。

2. 由职业培训中心提供的培训计划应着眼培训职业技能，并由部长决定组建一个专门委员会，与劳工协会和雇主协调，按照劳动力市场要求增加新的职业，并在这些计划中向就业部门提供咨询指导，帮助失业者了解培训计划的技能类型和培训后的就业安排。

3. （1）与培训有关的私营公司和非政府组织必须获得劳动和社会事务部的许可证，并接受检查、监测和评估，以展示其开展培训工作的适合程度，由部长发布的指示确定。

（2）针对申请开设培训中心所需的营业执照者，应收取 100 万伊拉克第纳尔的费用，这笔款项应作为收入记入职业培训中心。职业培训中心还应承担监察和评估委员会的费用。免费提供培训服务的劳工协会和民间社会组织（CSOs）应被排除在本条规定之外。

4. 求职者可免费参加培训项目。

5. 需要接受培训的专业人员，每个专业的培训持续时间，将要讲授的理论和实践项目及培训质量标准，测试系统的应用以及所授予的证书和必须包含在证书中的信息，应由部长指示决定。

第二十七条

1. 受训人员与培训计划的联系应由书面合同加以规定，其中包括培训目标、培训阶段和持续时间，受训人员和提供培训的实体的权利和义务，还包括部长指示的工作场所的培训。

2. 在培训期间和在最低工资基础上，职业培训中心负责支付职工养老金和社会保障法中规定的缴款。如果受训人员在训练期间受伤或因此而死亡，则适用职工养老金和社会保障法的规定。

3．职业培训中心必须遵守职业健康和安全要求，并应在培训开始前对受训人员进行体检。

第二十八条

1．受训人员可以自愿退出培训项目。

2．如因受训人员行为不合规，缺乏纪律性或根据定期评价报告缺乏重大进步，则培训中心可随时终止培训合同。

3．除非本合同另有规定，否则任何一方均不得在本条第 1 款和第 2 款规定的情况下，向另一方索赔。

第二十九条

1．违反本法第二十七条第 3 款规定的，应处以吊销执照，并处以 100 万以上 200 万以下伊拉克第纳尔的罚款。

2．部长可在职业培训中心消除违规现象后，根据职业培训中心的要求，批准该中心继续营业，监察和评估委员会的相关费用由该中心承担。

第五章　外国人的工作安排

第三十条

禁止主管部门和雇主以任何身份雇用外籍劳动者，除非其获得部长签发的工作许可，费用由部长指示确定。

第三十一条

在取得工作许可之前，禁止外籍劳动者参加任何工作。

第三十二条

1．雇主应自费向雇用到伊拉克的外籍劳动者提供从其征聘地点到伊拉克的机票，除非该劳动者在合同到期之前因非法理由而停止工作。

2．一旦外籍劳动者死亡，如果其继承人提出要求，雇主应负担将死者尸体送回至其原籍国或居住地的费用。

第三十三条

部长可以发布在伊拉克招聘和雇用外籍劳动者的指示。

第三十四条

因工作目的而合法居住在伊拉克的外籍劳动者，不应仅因失业而被视为处于非法或不正常状态，而且失去工作不会导致其居住权或工作许可的撤回，除非劳动者违反了伊拉克法律。

第三十五条

劳动和社会事务部、劳工协会和雇主各自有权定期与外籍劳动者所在原籍国的对口单位进行联系和交流信息，并订立双边协议，以便遵守双方的就业条件和工作条件，确保公平就业、平等的机会和待遇。

第三十六条

违反本章规定的任何组织或任何人，将被处以三倍最低日工资至三倍最低月工资的罚款。

第六章　个人劳动合同

第一节　订立个人劳动合同

第三十七条

1. 劳动合同应经雇主和劳动者双方口头或书面的协议订立。如采用书面劳动合同，则雇主须起草一式三份，由雇主和劳动者双方签字，每方各留一份，第三份应提交就业部门。劳动合同至少包括以下信息：

（1）雇主名称、项目类型和地址。

（2）劳动者的姓名、出生日期、资格、职业、居住地和国籍。

（3）工作的性质、类型、持续时间和开始日期。

（4）根据有效的工作条件和商定的工资支付方法、日期和地点，劳动者有权获得的工资和任何福利或奖金。

（5）工作时间及其分配方法。

2. 如果劳动者没有职业证书证明其拥有指定工作所要求的技能，则劳动合同开始日期可以由双方商定的试用期开始，但该期限从工作开始之日起不得超过 3 个月。劳动者在同一雇主处只享有一次试用期。

3. 如果雇主觉得劳动者没有能力履行工作，则可在试用期内终止合同，但雇主应在终止合同之日起至少七天前通知劳动者。

4. 如果劳动者和雇主之间没有书面劳动合同，双方必须证明合同的存在并提供合同项下任何关于权利和主张的信息。

第三十八条

1. 为了执行特定工作，或提供与在特定或预计日期结束的工作或项目有关的特定服务，应签订闭口劳动合同，但合同期限不得超过一年。

2. 连续性质的工作不得指定一个固定的时间段，除非该工作在特定的时间内需要雇用额外的劳动者。

3. 闭口劳动合同的劳动者享有与长期劳动合同的劳动者相同的权利。

4. 劳动合同续展超过一次的，续展的劳动合同应为开口劳动合同。

第三十九条

1. 非全日制劳动合同的签订应符合本法第三十条规定的合同条件。

2. 非全日制劳动合同规定的工作时间每周不得少于 12 小时，但也不得超过 24 小时。

3. 非全日制劳动者应享有本法规定的所有权利，并同时履行本法规定的义务。

4. 非全日制劳动者的经济权利和年假待遇，应根据工作时间和工资按比例进行计算。

第四十条

如果劳动者到达工作场所并准备开展工作，但由于其无法控制的原因而无法工作，则该劳动者应被视为已履行工作并有权获得工资回报。

第四十一条

1. 雇主应享有下列权利：

（1）规范其企业活动。

（2）将任务和责任分配给劳动者。

（3）作出与工作有关的必要决定。

（4）监督工作进度以及按照劳动合同分配给职工的工作任务的执行情况。

2. 雇主应遵守下列规定：

（1）尊重和运用劳动合同、集体协议和本法的规定。

（2）为劳动者提供完成工作任务的手段。

（3）按照本法规定向劳动者支付工资。

（4）为工作场所提供健康的工作条件，并为劳动者在劳动期间提供必要的防护措施。

（5）为劳动者提供发展技术知识和技能的机会和方法。

（6）在劳动者开始工作时，向其提供已收到其提交给雇主的文件的收据，并在劳动合同期满或应劳动者请求时，将上述文件退还给劳动者，除非此举对雇主不利。

（7）在劳动合同期满时，发给劳动者一份证书，说明雇用的开始日期和结束日期以及所从事的工作类型。劳动者可要求雇主在证书中添加信息。只要该信息是真实的，则雇主应对此要求给予答复。

（8）在劳动合同期满时，给予劳动者一份雇用解除凭据，前提是该劳动者已履行对雇主的所有义务。如雇主未能出具上述凭据，则劳动者可诉诸劳动法院，强制雇主提交所要求的文件。

（9）在劳动合同签订之前，说明工作危害并使劳动者清楚之。

（10）提供一个适当的机制来处理劳动者的投诉和申诉，促进这一机制的使用，立即并建设性地处理投诉，不得使投诉人遭受任何处罚。

（11）为每个劳动者建立一份个人档案，其中应保存一份任命决定和所有相关文件、证书和信息的副本，包括所有的工作变更、工资、奖金或处罚等。该档案必须从劳动关系结束之日起保存至少两年。

（12）每个劳动者的年度报告必须由其直属主管编制，内容包括其行为、工作效率、工作能力和具体能力水平等信息。这份报告最后由直属主管作出说明、建议和评价。该报告应存放在劳动者的档案中，以使劳动者了解报告的内容。前提是该项目的劳动者人数不得少于15人。

（13）向就业部门提供一份正式报告，说明项目中劳动者的基本权利，或与就业条件和工作环境有关的任何其他资料。根据要求，雇主应在收到请求之日起最多一个月内，向该部门提供此种说明。

（14）无论在工资、供应品、津贴、奖金、职业培训还是职业发展机会方面，确保同一职业的所有劳动者享有同等的待遇并向其提供相同的工作条件。

（15）以补贴价格向边远地区的劳动者提供所需的货物和服务。

第四十二条

1．劳动者应享有下列权利：

（1）获得工作工资。

（2）根据劳动合同、集体协议和本法的规定，每天休息一次，每周休息一天。

（3）在就业和招聘方面享有平等的机会和待遇，不受任何形式的歧视。

（4）工作环境不受骚扰。

（5）尊重工作环境中的工作关系。

（6）从职业培训项目中受益。

（7）对直接影响其工作的事项有知情权和建议权。

（8）在安全和健康的工作环境中工作。

（9）进行谈判，以改善工作条款和条件。

（10）按照本法的规定罢工。

（11）成立工会并加入工会的自由。

2．劳动者应遵守下列规定：

（1）依照劳动合同、本法规定、执行指令和决定以及雇主发布的设施内工作条例，准确且诚实地履行被委托的职责，并应谨慎行事，不得违反本法规定。

（2）保护受托的雇主财产，不可自行保留任何涉及工作的记录或文件。

（3）不得泄露因工作关系而获知的任何秘密。

（4）遵守职业健康和安全规定。

（5）遵守工作条例规定的上下班时间和休息时间。

（6）不要在明显醉酒或受毒品影响的情况下工作。

（7）除非工作性质需要并依法获得许可，否则不得在工作场所携带武器。

（8）不得为了不出工而装病。

（9）未经雇主同意，不得在工作场所接待任何人。

（10）在未经雇主知情和同意的情况下，不得接受与雇主签订合同的任何代理或承包商的佣金等。上述资金将存入一个特殊账户，并在雇主的监督下平均分配给劳动者。这些资金应视为工资补贴。

（11）不得在工作时间内为第三方从事任何工作。

（12）不得使用未经雇主授权使用的任何机器、装置或设备。

（13）在未经雇主或负责独家工会事务的工会机构同意的情况下，不得在工作场所召开会议。

第二节　终止劳动合同

第四十三条

1. 有下列情形之一的，劳动合同应当终止：

（1）劳动者死亡。如果该劳动者至少在雇主处服务一年以上，则雇主必须向死者家属支付相当于整两个月的工资。

（2）劳动者因法院的最终裁决而被判处一年以上监禁。但是，如果监禁期少于一年，则劳动者应随后被重新安置，但逮捕或监禁期间，不得享有工资。

（3）雇主死亡。如果其在合同中具有主体资格，且合同不能被继承人所继承。

（4）根据最终法院命令进行项目清算，或在遵循本款第 3 项之规定的情况下，自愿进行项目清算。

（5）当事人双方书面同意终止协议。

（6）在合同期满前已经履行完毕的闭口劳动合同。

（7）如果合同内容是特定的工作或服务，当工作完成或服务提供完毕时。

（8）劳动者辞职。但劳动者必须在合同终止前至少 30 天通知雇主。如果劳动者在没有通知的情况下辞职或在合同规定的期限届满之前辞职，则劳动者应向雇主支付赔偿，金额相当于通知期间或合同届满前剩余时间内的工资。

（9）在不可抗力的情况下。

2．在下列情况之一，雇主有权终止劳动合同：

（1）如果劳动者患有导致其不适合工作的疾病，并且从官方的医疗证明中得到证实，在合同签订之日起6个月内未得到治愈。

（2）如果劳动者的残疾程度达到75%或更多，如官方医疗证明所证实的那样，导致其无法工作。

（3）达到退休年龄的，依照职工养老金和社会保障法的规定，有权领取离职补偿金。

（4）如果根据项目的情况，需要减少总体规模，则须经部长的同意。

（5）劳动者违反劳动合同义务。

（6）如果劳动者冒充他人或提交伪造文件。

（7）劳动者在试用期内，没有显示出工作所需要的能力。

（8）如果根据最终的法院裁定，判定该劳动者犯有重大过失，并因此对工作或生产造成重大损害。

（9）除非得到部长批准，雇主不得停止、中止或清算项目。

第四十四条

本法第四十三条第2款规定的情形之一发生时，用人单位应向劳动者提供解除合同的书面通知；如未能做到，则劳动者应获得赔偿。通知期限不得少于30天。

第四十五条

其服务被终止的劳动者，应享有在雇主处每服务一年则追加两周工资的服务终止赔偿金，但发生本法第四十三条第1款第（2）项，第2款第（5）项、第（6）项、第（8）项提及的情况除外。

第四十六条

1. 劳动者可向终止服务委员会对终止其服务的决定提出异议，该委员会应按部长指示组成，劳动者也可以在接到终止服务通知之日起 30 天内，向劳动法院提出异议。如劳动者未在上述期间内提出异议，则应视为其放弃了质疑的权利。如果劳动者选择了其中一种方法，则对另一方法享有的权利即丧失。

2. 对于终止服务委员会作出的决定，劳动者可在该决定送达或视为送达之日起 30 天内，向劳动法院提出质疑。

3. 如劳动者提出质疑，则向终止服务委员会或劳动法院就终止其服务的举证责任由雇主承担。

第四十七条

1. 如果终止服务委员会或劳动法院认为该终止服务并非基于本法第四十三条规定的理由之一，则其必须判定恢复该劳动者的工作，并要求雇主全额支付劳动合同终止期间的工资。

2. 如果终止服务委员会或劳动法院认定劳动者不能返回工作岗位，则劳动合同应从委员会或法院的裁决之日起终止，并应向劳动者支付赔偿金，金额相当于本法第四十五条规定的服务终止赔偿金的两倍。

3. 在定期雇用少于五名劳动者的项目中，如果终止服务委员会或劳动法院决定终止雇佣合同，则雇佣合同应视为从实际终止日期起终止，前提是雇主根据本条第 2 款之规定，向劳动者支付服务终止赔偿金。

第四十八条

1. 因下列情形之一，不得终止劳动合同：

（1）加入工会，在工作时间以外参加工会活动，或在雇主书面同意的情况下，参加工会活动。

（2）寻求作为劳动者代表的身份，或其实际上行使此种身份，或在过去曾如此做过。

（3）因合法权利受到侵害而对雇主提出申诉或提起诉讼。

（4）劳动者在合法休假中。

（5）在就业和职业方面的直接或间接歧视。

（6）由于有正式文件证明的疾病或事故而暂时缺勤。

2.（1）根据本条第 1 款规定的任何理由，终止劳动合同无效，在此情况下，终止服务委员会或劳动法院应决定重新安置该劳动者，并支付其此段时间的工资。

（2）如果劳动者没有要求复职，或该委员会或者法院认为复职不可能、不切实际或不合适，则应向劳动者支付合理赔偿金，金额不低于本法第四十七条第 2 款所规定的两倍。

第四十九条

1. 在下列情况下，劳动者可以自行终止劳动合同，而不另行通知：

（1）雇主违反本法、章程或个人劳动合同中规定的义务。

（2）如果雇主在工作期间或工作时间以外，对劳动者或其家属犯了重罪或轻罪。

（3）如果劳动者的健康或安全受到严重威胁，但雇主明知这种威胁却不采取任何行动将其消除。

2. 劳动者可以根据本法第四十八条第 2 款第（2）项的规定，向终止服务委员会或劳动法院申请补偿。

第五十条

当项目合并，转让给继承人，或出让给第三方，出售、出租或全部或部分用于投资时，新雇主应按照本法，履行前雇主对劳动者的义务。前雇主应就现有工作关系所产生的义务与新雇主共同承担连带责任，这些责任在该项目移交之前直至移交时随之出现。

第五十一条

1. 因工作关系而产生的主张权利的诉讼，自其到期之日起满三年后不得审理。同样，由于犯罪行为造成的损害赔偿请求，自其发生之日起满五年后不得审理。

2. 审理主张权利的诉讼案件，其具体期限应从权利到期之日起算。但是，雇主为行使一项权利而支付的款项，在被没收后不得索取。

第五十二条

违反本章规定的雇主，处以三个月以上一年以下有期徒刑或处以50万以上100万以下伊拉克第纳尔的罚款。

第七章

第一节　工资

第五十三条

1. 除劳动合同另有规定外，拖欠劳动者的工资应以伊拉克货币支付。

2. 工资可以通过支票或银行转账支付。前提是这种支付应符合集体协议或仲裁裁决的规定；或者在没有此类协议或裁决的情况下，经有关劳动者的书面许可，但劳动者可随时撤销此许可。

3. 如果是周工资制，则在每周末支付；如果是月工资制，则在每月底支付。支付地点在工作场所或离其最近的地点，延迟支付工资的最长期限为5天。

4. 工资不得以本票或凭证的形式支付，也不能采用替代伊拉克货币或工作合同中约定的付款形式以外的任何其他形式支付。

5. 男性劳动者与女性劳动者必须同工同酬。

第五十四条

1. 工资应直接支付给劳动者，也可转入双方书面同意的银行账户，还可支付给劳动者代理人。

2. 如劳动者死亡，其所有应享待遇应依法转给继任者。

第五十五条

禁止雇主：

（1）在处理工资问题时，以任何方式限制劳动者的自由。

（2）强迫劳动者购买劳动产品或雇主进口的商品。

第五十六条

拒绝支付根据本法规定的劳动者的工资之行为无效，工资只有强制性法院可以命令扣押。

第五十七条

1. 除法律承认的情况外，不得扣减劳动者的工资，这些情况包括：

（1）符合伊斯兰教的赡养费。

（2）拖欠劳动者退休和社会保障部账户的款项。

（3）按照工会章程，应支付的会员费。

2. 如果劳动者收到的工资少于最低工资标准的三倍，则总扣减额不得超过其工资的 20%；如果其收到的工资超过上述界限，则总扣减额不得超过其工资的 30%。上述百分比对扣除赡养费债务不适用。

3. 劳动者欠雇主的任何债务不承担利息。

第五十八条

1. 根据强制性法院命令，雇主破产或进行项目清算时，劳动者应被视为优先债权人，并享有以下特权：

（1）劳动者服务期结束前三个月的工资。

（2）在服务期结束的当年及前一年代替公共假日的工资。

（3）在服务期结束前因其他类型的休假而欠劳动者的款项。

（4）劳动者的离职补偿金。

2. 本条第 1 款规定的特权优先于其他债务，包括国家债务。

3. 雇主在支付欠劳动者的款项之前应偿还下列债务：

（1）由雇主依法承担赡养费的义务所产生的债务。

（2）与资不抵债的或破产的雇主之财产管理有关的债务，包括法律费用和行政开支。

4. 根据本法欠劳动者或其继承人的款项，在雇主所有动产和不动产中，享有最高债务偿还优先权，并应在其所有优先级债务之前全额收取，其他优先级债务包括欠国库的款项，但赡养费债务除外。

第五十九条

1. 在签订劳动合同之前，应告知劳动者构成其工资包的要素，特别是津贴、加班费和其他增加额或扣减额的计算方法，包括付款期限、方式、地点和日期。如其工资包发生任何特殊变化，应及时告知劳动者本人。

2. 无论何时发放工资，应向劳动者提供一份详细的书面说明，说明工资对应的工作时间，以及津贴、加班费和其他增加额或扣减额（如有）。

第六十条

最终的工资结算应在劳动合同终止后的第二天进行。如果劳动合同已经由劳动者终止，则其工资须在离职后的七天内支付。

第六十一条

1．雇主有义务保存工资和加班时间的记录，说明应支付的工资、扣减额和应付给劳动者的净工资的详细情况。该种记录不得有任何空白、删除或增补，并接受劳动监察员的核查和审计。

2．只有劳动者在工资记录上签字，雇主才能被免除未付工资的责任。但劳动者无保留的签字不得视为其放弃任何权利。

第二节　确定工资

第六十二条

1．劳动者的工资应根据个人劳动合同确定，但不得低于对雇主有约束力的集体协议中确定的该职业的工资水平。在所有情况下，劳动者的工资不得低于法律规定的最低工资。

2．最低工资是指法律规定的最低工资，或是个人或集体劳动合同中根据雇主项目所确定的工资，以较大者为准。

第六十三条

1．由部长决定成立委员会，定期提出最低工资标准，该委员会应包括：

（1）就业和贷款部部长担任主席。

（2）劳动者养老金和社会保险助理总干事、成员。

（3）职业培训中心助理总干事、成员。

（4）规划部代表、成员。

（5）最具代表性的雇主协会之代表、成员。

（6）最具代表性的劳工协会之代表、成员。

（7）两名在最低工资政策各个方面具有经验和专长的成员，由部长选出。

2. 部长应将委员会的提案提交内阁。

3. 在确定最低工资时，应考虑以下几点：

（1）劳动者及其家属的需求。

（2）国家的一般工资水平。

（3）生活成本及其变动。

（4）经济因素，包括：经济发展要求、生产力水平、实现和保持高水平就业的愿望。

4. 本法规定的劳动者，从在同一雇主处完成一整年服务之日起，有权获得每年定期加薪。加薪比例应根据劳动力市场的工资指标以及项目相关方的共识加以确定。

5. 最低工资应随时调整，以符合生活成本和其他经济条件，每两年定期审查一次。

第六十四条

违反本法规定的工资条款的，处以法定最低月工资两倍以上的罚款。如果上述违规行为与低于法定最低工资的工资支付有关，则除了罚款之外，违规者还应支付劳动者补偿金，金额相当于所支付的工资与最低工资之差的两倍。

第六十五条

1. 雇主应在其项目的显著位置，展示一份详细公告，告知劳动者适用于其项目的工资。前提是这些工资不低于法定的最低工资。

2. 任何实收工资低于其应得数额的劳动者，可以收回实收工资与应得工资之间的差额。

3. 如果劳动者声称雇主支付的工资低于项目中商定的工资，则由雇主承担支付该工资的举证责任。

第八章　工作时间

第六十六条

工作时间是指劳动者按照劳动合同规定而履行义务的法定时间，不包括休息时间和用餐时间。本法附则规定工作开始和结束的时间。

第六十七条

1．除本法规定的例外情况外，每日工作时间不得超过 8 个小时，或每周工作时间不得超过 48 小时。

2．对于双班或间歇执行的工作，劳动者在工作场所花费的时间不得超过每日 10 小时，而实际工作时间不得超过每日 8 小时。

3．在有危害或不健康的工作条件下，每日工作时间应减少。包括最长的工作时间，应根据国家职业健康与安全中心的建议，由部长签发的指示确定。

4．本条规定不包括以下各项：

（1）只雇用雇主家庭成员的项目。

（2）担任监督管理职务的人员。

（3）工作中需要保密的人员。

（4）在规定的工作时间以外为项目进行准备或补充工作的劳动者。

（5）保安。

（6）在其项目之外开展工作的代表。

（7）农业劳动者。

5．部长应发布指示，规定本条第 4 款所罗列情况的工作时间。

第六十八条

1．工作时间必须包括一段或多段休息时间，总时长不得少于 30 分钟，但不得超过1小时。雇主须决定休息时间，并在工作场所的显著位置张贴布告，连续工作时间不得超过5小时。

2. 每个劳动者在每两个工作日之间的休息时间不得少于连续11小时，计算方式为从实际工作日结束至下一工作日开始。

3. 对于因技术、生产或工作性质原因而必须连续工作的项目，应给予劳动者一段或多段休息时间，总时长不得少于30分钟。

4.（1）对于双班工作，两班之间的休息时间不得少于1小时，但不得超过4小时，可在集体劳动合同中加以确定。

（2）工作在一班以上的员工，在第一班结束至第二班开始之间享有连续11小时的休息时间。

5. 从事司机工作的劳动者，未经休息不得连续驾驶超过4小时，其休息时间应根据部长的指示确定。

第六十九条

1. 工作时应考虑：

（1）日间工作制，即上午六点到晚上九点。

（2）夜间工作制，即晚上九点到第二天上午六点。

（3）混合工作制，即在连接日间和夜间的时间段内工作，反之亦然，但此类工作制的夜间工作时间不得超过3小时。

2. 某些情况下的工作时间应作如下考虑：

（1）夜间工作不能超过7小时。

（2）混合工作制工作时间不能超过7.5小时。

（3）对于需要日夜轮换的工作，轮换时段不得超过连续30天。

第七十条

1. 劳动者每周有权享受至少一天的带薪假期。星期五应为休息日，并可用一周中的另一天替换。

2. 雇主应在可能的情况下，或在轮换的基础上，将所有劳动者的休息时段安排在每周的同一天。前提是每个劳动者在每周的休息时段有一个固定的日期。

3. 雇主可在劳动者同意的情况下，要求劳动者在每周休息期间和公众假期期间工作，但须按照加班规定付给劳动者工资，并在接下来的一周给予劳动者休息日。

第七十一条

1. 本法第六十七条规定的劳动者的工作时间，只有在以下两种情况下，方可超时：

（1）发生事故或可能发生事故，紧急修理机器、设备，或发生不可抗力事件，前提是此超时是为了避免项目的正常运转中断。

（2）在每周工作小时数不超过 56 小时，且不影响劳动者用以补偿其周休的休息日权利的情况下，工作需要连续轮班进行。

2. 在本法第六十七条规定不能适用的特殊情况下，劳工协会与雇主协会之间关于增加每日工作时间的协议，可在特定时期内生效。但在该协议生效期间，每周的平均工作时间不超过 48 小时。

3. 经与有关的劳工协会和雇主协会协商后，劳动和社会事务部应批准下列事项：

（1）本法第六十七条第 4 款所规定的，在项目正常工作时间以外进行的，或针对需要按照间歇性时间表进行工作的劳动者类型的准备和补充工作的永久例外情况。

（2）允许处理特殊工作的临时例外情况。

4. 在下列情况下，应批准例外情况：

（1）由于节日、季节性工作或其他原因，工作量出现异常。

（2）对某些机器、仪器和设备进行维修，否则其出现故障将会导致项目中断。

（3）为避免材料或产品出现损坏。

（4）为销售季节启动或新季节开始进行年度盘点或决算。

5. 劳动和社会事务部在批准上述例外情况时，应规定每种情况下所追加工时的上限。如加班为夜间工作、艰苦工作或是危险工作，则加班工资不得低于正常工资的两倍。如为日间工作，则加班工资在正常工资的标准基础上上调50%；如果劳动者在每周的休息日加班，则应为该劳动者安排补休。

6. 加班应遵守以下规定：

（1）需要轮班的工业项目加班时间每日不得超过一小时。

（2）有关工业项目的准备或补充性工作的加班，或面临非正常性工作时，加班时间每日不得超过四小时。

（3）非工业项目的加班时间每日不得超过四小时。

（4）整个驾驶期间的陆上运输工作时间，包括加班时间在内，每天不得超过九小时，每周不得超过48小时。如面临紧张剧烈的情况，应减少驾驶总时间数。

（5）任何劳动者在90天内的加班时间不得超过40小时，在一年内不得超过120小时。上述工作和适用于相关驾驶员的总时间数，应由部长指示决定。

7. 根据本法规定，加班是指在每日或每周休息时间或加班时间内进行的工作，或在法定节假日期间进行的工作。

第七十二条

1. 如果工作由于例外情况或不可抗力而部分或全部中止，雇主应支付劳动者在工作中止期间内不超过30天的工资。雇主可以要求劳动者从事其他类似的工作，或要求劳动者通过额外的无薪工作来补偿失去的时间，但每天的加班时间不得超过两小时，一年内不得超过30天。

2. 如果工作中止是雇主造成的，则雇主应支付劳动者在工作中止期间的全部工资，雇主可以要求劳动者带薪进行额外工作，但必须以本条第1款的规定为限。

第七十三条

对于违反本章规定的雇主，处以25万以上500万以下伊拉克第纳尔的罚款。罚款数量与劳动者遭受的损失相等。

第九章　休假、节假日和公众假期

第七十四条

1. （1）劳动者可以享受公休和法定公众假期，并领取期间的全额工资。

（2）劳动者有权每周享受至少一天的带薪假期。

2. 可因本法第七十一条第3款规定的任一理由，要求劳动者在假期或非周休息日的公众假期工作，除工资外还有双倍工资。

3. 劳动者休假期间的节假日和公众假期不得计为年假的一部分。

4. 闭口合同劳动者或实习人员，有权在合同期限内享有全额带薪年假。

第七十五条

1. 劳动者在服务满一年后，每个工作年度可享受21天的全额带薪假期。

2. 从事艰苦工作和危险工作的劳动者，每个工作年度可享受30天的带薪假期。

3. 劳动者在同一雇主处的工作期间所享受的年假应按下列规定予以增加：

（1）工作满第一个五年，增加两天。

（2）工作满第二个五年，再增加两天。

（3）在劳动合同期限内，以后每满五年增加三天。

4. 劳动者有权就每年的任何时段按比例休假。

5. 劳动者因其无法控制的原因（如生病、受伤、意外或产假等）而不在岗，应视为任期内的工作日，并有权享有年假。

6. 就本法而言，年假天数应按实际工作日计算。

第七十六条

1. 获得本法第七十五条规定之休假的劳动者，在其整个休假期间有权领取工资，数额不少于在其任职的最后六个月内领取的平均工资。

2. 本条第 1 款中不包括通勤费、食物补贴和风险津贴。

3. 本法第七十五条第 1 款和第 2 款规定的钱款应在劳动者休假之前支付。

4. 劳动合同结束后，劳动者有权享受未休年假的现金补偿。该补偿应以支付给劳动者的最后工资为基础。

第七十七条

1. 允许劳动者一次或多次休完年假。

2. 如工作需要，或出于劳动者利益考虑，年假可以分期进行，但其中应有一次连续休假，时间不少于 14 天，余下的假期可由劳动者和雇主协商，在下一个工作年度之前休完。

第七十八条

1. 工作章程应确定劳动者年假时间；否则，劳动者可根据第七十七条第 2 款的规定，有权在其与雇主商定的时间休假。

2. 雇主应鼓励劳动者享受本法规定的年假。

3. 劳动合同期满时，如劳动者在工作期间未休年假，则雇主应补偿其未休假期间的全额工资以及该期间所做工作的工资。

第七十九条

1. 在休年假期间，劳动者不得从事任何有偿工作。

2. 劳动者如按照任何协议放弃哪怕最低数量的带薪年假，或让渡此项权利以换取补偿，抑或出于任何其他原因，上述协议均无效。

第八十条

1. 劳动者在一个工作年度中，可享受30天的病假，病假期间雇主支付其工资。

2. 本条第1款中提到的劳动者的病假待遇，其累计时间可达180天。

3. 如参保劳动者已用完了所有带薪病假天数，但病情不见好转，应参照职工养老金和社会保障法的规定对其假期予以调整。

4. 对于每年病假超过30天的参保劳动者，雇主应就在此期间向其所支付的工资，根据本条第1款和第2款向劳动者退休金和社会保险部行使追索权。

第八十一条

1. 劳动者休病假时，应出具由雇主认可的医疗机构或官方医疗机构出具的医生检查报告单。

2. 就本法和其他法律而言，病假时间应按实际工作日计算。

第八十二条

1. 劳动者因下列原因享受有薪事假：

（1）劳动者结婚：五天假期。

（2）劳动者的子女结婚：一天假期。

（3）劳动者的配偶、父母、子女、兄弟姐妹、岳父或岳母去世：五天假期。

2. 丈夫死亡的参保女职工，可根据本法在哀悼期内享有130天的全额带薪休假。

3. 劳动者在合同期限内，如提出请求，应被给予一次无薪朝圣假。

4. 劳动者在履行公务或公共职责、行使选举权、出庭作证或作为专家出庭以及本法或集体劳动合同规定的其他情况下，可享受全薪休假。

5. 劳动者在履行适用集体劳动合同规定的工会义务时，有权享受全薪休假。

6. 必要情况下，如劳动者提出申请，雇主可同意劳动者无薪休假。

第八十三条

违反本法的工作时间规定和休假规定的劳动者，应处以5万以上10万以下伊拉克第纳尔的罚款。被罚款数应相当于受处罚的劳动者人数。

第十章　保护女性劳动者

第八十四条

雇用一个或多个女性劳动者的雇主，应在工作地点的布告牌上张贴保护女性劳动者的规定。

第八十五条

1. 禁止强迫怀孕或哺乳的女性劳动者从事主管卫生当局认为有害母亲或儿童健康的任何工作，或医疗检查证明对母亲或儿童的健康存在重大风险的工作。

2. 禁止雇用女性劳动者从事本法第六十七条第3款规定的艰苦或有害的工作。

第八十六条

1. 女性劳动者不得从事夜间工作，除非确有必要，如因不可抗力须保存原材料或易腐产品，或因不可抗力而导致项目意外中断。

2. 雇主应为女性劳动者提供每日不少于 11 小时的连续休息时间，其中夜间休息时间不得少于 7 小时，且休息时间应该在晚上九点至次日早上六点之间。

3. 本条第 1 款不适用于以下群体：

（1）管理岗位的女性劳动者。

（2）从事卫生和娱乐行业的女性劳动者。

（3）从事交通运输行业的女性劳动者。

第八十七条

1. 女性劳动者有权享受一年不少于 14 周的全薪产假。

2. 怀孕的女性劳动者可根据主管机构出具的诊断证明，在预产期前八周开始休假。

3. 怀孕的女性劳动者应在分娩后的剩余产假期间继续休假，前提是分娩后的假期不得少于六周。

4. 分娩前的休假应延长，以折抵预计分娩日期与实际分娩日期之间的天数差额，而不减少分娩后的强制休假期限。

5. 如出现难产、多胞胎或产前产后并发症的情况，则主管医疗机构可将本条第 1 款中规定的产假延长至 9 个月。超过本条第 2 款规定的产假时段，视为保证性假期，遵从职工养老金和社会保障法。

6. 产假结束时，应保证有工作的母亲返回同一职位或受雇于同等工资的类似职位。

第八十八条

休产假的在职母亲不得受雇于另一雇主来领取工资。

第八十九条

有工作的母亲经雇主同意，可以休不超过一年的无薪产假，用以照顾子女。在此期间，她为尚未满一周岁的子女提供哺育，工作合同应被视为中止。

第九十条

女性劳动者不得利用产假从事哺乳以外的其他活动，如证实某一女性劳动者在休产假期间为他人从事有偿工作，则产假取消。雇主在发现其行为当日，即可要求其回到工作场所。

第九十一条

1. 哺乳期间的女性劳动者在每一个工作日可享受两次不超过一小时的哺乳假，该时间段应包括在工作时间内。

2. 如某一女性或男性劳动者有一个或多个未满六岁的孩子生病并需要其照顾，则该劳动者可以请假。但每次请假时间不能超过三天，且其在请假期间不能领取工资。

第九十二条

1. 雇用女性劳动者的雇主应根据工作要求，为女性劳动者提供休息区。

2. 对于雇用女性劳动者的项目，雇主应承诺根据部长的指示，单独或与其他雇主合作，在一个或多个项目中建立托儿所。

第九十三条

本章规定不适用于在家族企业中从事劳动的女性劳动者，因为在这样的企业中，劳动者均为家庭成员，且该女性劳动者是在其配偶、父母或兄弟的指导监督下工作的。

第九十四条

凡违反本章规定的雇主，处以 10 万以上 50 万以下伊拉克第纳尔的罚款。

第十一章　保护未成年人

第九十五条

1. 禁止雇用未成年人或允许其进入工作场所，因为这些工作场所的工作性质或工作条件可能损害其健康、安全或道德。

2. 经与有关劳工协会或雇主协会协商后，劳动和社会事务部可对第 1 款所涉及的工作清单进行定期审查或随机审查，包括但不限于下列情形：

（1）在地下、水下或危险性高空作业或在空间狭小的环境中工作。

（2）使用危险设备、机器和工具的工作，或使用需要人力干预或需要进行重物举升的工作。

（3）工作环境恶劣，在其中工作的未成年人会面临极端温度、噪音或震动等，对健康造成危害。

（4）工作条件艰苦，要么长时间工作，要么夜间工作。

3. 禁止雇用未成年人从事夜间工作或混合时段工作。

第九十六条

1. 未成年人只有在经过医疗机构的全面体检后，才能被雇用从事其被允许的工作，以确保其体能和技能适应工作需求。

2. 未成年人的身体健康证明应按照下列规定签发：

（1）雇用的具体条件。

（2）特定的工作，或由主管部门将其类似的健康风险归为一类的一组特定工作。

第九十七条

1. 未成年劳动者的身体状况应接受医疗机构的监督直至其年满 18 周岁。

2. 如雇主有意续聘未成年劳动者，则应至少每一年为其再次进行体检。

3. 对于主管机关认定对健康构成严重危害的工作，健康体检必须重复进行，直到未成年劳动者达到至少 21 岁。

4. 未成年劳动者本人或其父母不承担本条第 2 款和第 3 款规定的体检费用。

5. 本章规定，主管机关是指劳动部或卫生部，或兼指两者。

第九十八条

1. 16 岁以下未成年劳动者的工作时间不得超过每日七小时。

2. 每日工作时间内应为未成年劳动者安排一段或多段不少于一小时的休息时间，且其连续工作的时间不得超过四小时。

第九十九条

受雇的未成年劳动者，每年可以享受 30 天的带薪年假。

第一百条

1. 用人单位雇用依法允许工作的未成年劳动者，应在工作地点显眼处张贴布告，告知对未成年劳动者在安全方面的法律规定。

2. 雇主应备有未成年劳动者的名录，其中包括姓名、年龄和所做工作。

第一百零一条

雇主应将第九十六条中提到的未成年劳动者的健康证明进行存档，并提交给劳动监察员以便其审查，也可向劳动监察员提供该证明的记录号。

第一百零二条

如雇主与本法禁止的未成年人之间存在工作关系，则雇主应支付约定的工资。如发生工伤，则无论错在哪方，雇主应予以赔偿。

第一百零三条

本法规定不适用于15岁以上的，并且在配偶、父母或兄弟的指导和监督下，在家族企业工作的未成年人。这些企业生产供当地消费的商品，并且不雇用有偿劳动者。

第一百零四条

对未成年人健康、安全和道德有危害的，带有危险性的，以及伴随极端温度、噪音或震动等的工作，均由部长指示确定。

第一百零五条

违反本章规定的雇主，将处以10万以上50万以下伊拉克第纳尔的罚款。

第十二章　对采石场、矿井和矿场劳动者的保护

第一百零六条

1. 本章规定适用于生产建筑材料的采石场、矿井和矿场的工作，具体如下：

（1）矿物和宝石的勘探、挖掘和开采，包括珠宝的开采或制造过程。

（2）不论是在地上还是地下，矿藏的提取、浓缩或制造。

（3）本款第（1）项和第（2）项两项规定的，与工厂建筑和施工以及设备安装有关的活动中所必需的一切。

2. 普通劳动者不得从事本条第 1 款规定的行业、职业或活动，除非劳动者接受专业医疗检查，证明劳动者的身体健康状况适合分配给他的工作。

3. 在无论以任何理由终止劳动者就业合同之前，必须再次对其进行体检，以确保劳动者没患任何职业病。

4. 本章规定范围内的劳动者，应在工作期间接受体检，但不承担体检费用。

5. 本条第 2 款、第 3 款规定的情形，应接受劳动监察部门之管控。

第一百零七条

雇主应在工作场所显眼处张贴下列规定：

1. 工作场所条例，列明工作时间和休息时间，并应向劳动监察部门提供一份副本。

2. 与项目中职业健康和安全有关的说明。

第一百零八条

1.（1）除被派到矿场或采石场工作的工人和雇员，或被派去进行监督、检查和护卫的人员以及工会代表之外，任何其他人等不得进入工作场所及其附属地带。

（2）非工作时间内，劳动者不得进入本款第（1）项规定的地点，除非他们持有通行证。

2. 雇主应记录进入工作场所进行工作的人员姓名，该人员在离开时应在上述记录上注明。

第一百零九条

1. 本法第一百零六条第 1 款所规定的各种工作、职业和行业的日工作时间为七小时，任何情况下，都不得让劳动者在工作场所每日工作超过八小时。

2. 除本条第 1 款规定外，劳动者可以临时或在必要时继续工作，以防止事故发生，或避免此类事故造成的危险后果，或修复该事故造成的损害，并遵守以下规定：

（1）在工作开始后 24 小时内，将紧急或潜在的事故通知劳动监察部门和工会机构。

（2）超出本条第 1 款规定的工作时间，应视为加班工作，并依照本法规定予以补偿。

第一百一十条

雇主应：

1. 按照劳动和社会事务部发布的指示和声明，张贴关于职业健康和安全的说明。

2. 采取以下措施：

（1）在需要时，发布与职业健康和安全有关的指令和命令。

（2）除非所有危险已经过去，否则禁止劳动者出现在爆炸现场。

（3）为劳动者提供与每项工作的危险程度相适应的个人防护设备。

（4）在有潜在危险的地方，放置警示牌。

（5）在紧急情况下提供救援和急救物资。

（6）定期检查工作场所，确保正确使用本法规定的措施。

第一百一十一条

居住在偏远地区的劳动者，其在交通、膳食和住宿方面的津贴应由部长指示确定。

第一百一十二条

违反本章有关保护在采石场、矿井和矿场从事工作的劳动者之规定的，处以十日以上三个月以下有期徒刑，或处以 10 万以 20 万以下伊拉克第纳尔的罚款。

第十三章　职业健康安全与劳动监察

第一节　职业健康安全

第一百一十三条

国家职业健康与安全中心应对职业健康和安全事项的执行情况进行规划和监测，以确保在不同工作场所，宣传从职业病到工伤的劳动安全和劳动保护文化。

第一百一十四条

1. 雇主或管理人员与项目中的劳动者或其代表之间的合作，应视为改善项目水平和工作场所中的职业健康和安全条件所采取措施的关键要素。

2. 为实现本条第1款的规定，应遵守以下规定：

（1）提供合适、健康、简单和安全的工作环境。

（2）培训劳动者如何避免职业危害。

（3）向劳动者传播职业健康和安全文化，并在工作场所的突出位置展示职业危害控制措施。

（4）在工作场所备有急救包。

（5）确保所有劳动者在职业健康和安全以及工作环境方面进行初级检查和定期体检，包括发生在工作中或与工作相关的所有事故、工伤和职业病。

（6）发生事故、工伤和职业病时，向有关卫生部门报告并通知国家职业健康与安全中心。该通知应包括以下信息：项目、雇主、受伤人员、受伤或职业病的性质、工作场所和事故情况。就职业病而言，应使用国家职业健康与安全中心分发的标准表格填写通知，并应向国家职业健康与安全中心提供一份雇用50名劳动者以上的工作场所发生职业事故和工伤的年度报告。

（7）采取一切必要措施，确保有效保护劳动者的健康和安全，使其免受各种职业病的危害，并由国家职业卫生中心授权的主管部门对蒸汽锅炉、压缩机、电梯、起重机及其部件进行年度定期安全检查。

（8）免费提供适当的个人防护设备。

（9）按照部长发布的指示，国家职业健康与安全中心正式授权某些组织出具证明，确保有害机械和设备（蒸汽锅炉、电梯和起重机等）的安全性。

（10）在满足所有安全要求，并监察根据部长指示确定的劳动者费用后，国家职业健康与安全中心可以为项目颁发职业健康和安全许可证。

（11）对应急计划的处理规章进行监督。

第一百一十五条

1. 劳动和社会事务部将通过国家职业健康与安全中心负责国家卫生政策的编制和审查，并与雇主和劳动者或其最具代表性的协会定期进行协商。

2. 负责职业健康和安全的国家机构的工作范围，应包括本条第1款规定的内容，并采取以下行动：

（1）确定和评估工作场所出现的有关职业健康和安全的职业危害，测量工作环境中的污染程度，并从工作场所抽取与职业健康和安全有关的样本，但须通知雇主或其代表。

（2）监测工作环境中影响劳动者健康和安全的因素及其使用情况，包括雇主提供的卫生设施、售货亭和宿舍。

（3）提供工作计划及组织安排方面的建议，包括工作场所设计，以及工作中使用的其他设备和材料的选择和维护。

（4）参与制订工作实践改进计划，监察和评估新设备的安全情况。

（5）提供有关职业健康和安全、工作环境和个人防护设备方面的建议。

（6）监测劳动者的健康状况、工伤和职业病。

（7）使劳动者适应工作。

（8）推进采取职业资格认证措施。

（9）与有关部门合作，提供职业健康和安全方面的信息、教育和培训，以及研究劳动者与环境的关系。

（10）组织突发事件和急救情况的管理。

（11）参与事故分析、工伤事故和职业病分析，并了解事故的原因。

第一百一十六条

依据部长与最具代表性的劳动者和雇主协会之间进行磋商后发布的指

示，雇主应在所有劳动者工作的项目中，以及针对该项目的所有机器设备，满足职业健康和安全上的最低要求。

第一百一十七条

1. 雇主应在工作开始之前，将职业危害和预防措施书面通知劳动者。

2. 雇主应在工作场所的突出位置展示职业危害控制措施，从而明确危害及其预防手段。

第一百一十八条

1. 雇主应：

（1）采取必要措施，为工作中的劳动者提供保护，使之免受职业危害和工作危害。

（2）提供职业危害预防措施，但不得从劳动者的工资中扣除任何金额用作对价。

（3）在特定的和已知的地方，提供适合不同工作类型的急救箱。

2. 国家职业健康与安全中心应制定由部长签发的关于预防性手段、条件和操作方法的指示。

第一百一十九条

劳动者应遵守如下规定：

（1）遵守与职业安全程序有关的命令和指示，并使用适当的预防措施。

（2）不得将任何精神药物带入工作场所或在这些药物的影响下到达工作场所。

（3）遵守工作场所的职业健康与安全指令。

（4）严格按照项目上的医师或主管医疗机构确定的体检日期进行体检。

（5）穿戴个人防护设备。

（6）如果存在重大风险，应远离工作场所。

（7）与雇主合作，使其履行义务。

第一百二十条

1．雇主必须确保与劳动者工作相关的职业安全和健康。

2．劳动者未遵守法定职业安全标准，不应成为免除雇主在这方面应负义务的理由。

3．劳动者不应承担提供健康安全的工作环境的费用，具体包括医疗、处方药、定期检查、实验室检查、X 光检查和其他检查。

第一百二十一条

1．雇主应在工作场所为劳动者提供医疗援助，相应地，如果劳动者人数超过 50 人，则雇主应聘请一名护士提供急救服务。雇主还应与医生订立合同，在工作场所指定一诊所为其提供治疗，并为他们免费提供工作时所需的药品和治疗。

2．如果劳动者人数超过 100 人，则本条第 1 款规定的医生每日工作时间不得少于两小时。

3．如果劳动者人数超过 500 人，则雇主应在该项目中任命一名常驻医生，并设立一家具有各种护理、急救和治疗手段的诊所。该医生应根据本法第八十条关于病假的规定，确定需要请病假的病例、专家检查或外科检查。

4．雇主可在本地区或市内的若干项目中设立公共诊所，以提供本条第 3 款规定的服务。

第一百二十二条

1．雇主应提供预防措施，并执行本法第一百一十八条和第一百二十一条规定的指令。

2. 劳动监察员应在其项目现场监察报告中，对雇主制定的工作要求以及雇主对职业健康安全指示的合规程度作出评价。

3. 如果雇主不执行职业健康和安全指令，或阻止主管监察委员会工作人员进入工作场所或妨碍其工作，则劳动和社会事务部可下令关闭该工作场所、责令其机器停工或采取更多措施，直至采取上述措施的前因消除。在关闭或停工期间，劳动者有权足额领取工资。主管监察委员会应编写关于该违规行为的书面报告。

第一百二十三条

项目中的劳动者代表应与雇主在职业健康和安全方面进行合作，雇主应向该代表提供为确保职业健康和安全所采取的程序的充分信息。劳动者可以向其协会咨询上述信息，但不得泄露商业秘密。

第一百二十四条

1. 职工养老金和社会保障法规定的工伤赔偿适用于未参保的劳动者。

2. （1）劳动者社会保障部应当执行本条第 1 款的规定。

（2）雇主应向劳动者社会保障部支付对未参保劳动者的赔偿：①如果伤害造成部分伤残，则为每日或每月工资的 50%，为期 1 年。②如果伤害造成完全残疾或死亡，则为每日或每月工资的 100%，为期 1 年。

第一百二十五条

违反本节规定的工作预防措施的雇主，处以 50 万以上 100 万以下伊拉克第纳尔的罚款，或处以一个月以上六个月以下的拘禁。

第二节　工作监察

第一百二十六条

本法规定所涉及的工程和工作地点，应接受劳动和社会事务部的劳动监察。

第一百二十七条

1．劳动监察部门应具备下列职能：

（1）确保本法之规定，及根据本法发布的有关工作条件和劳动者在工作期间的劳动保护及权利的指令得到执行。

（2）向劳动者和雇主提供技术信息和指导方针，事关法律规定和国际公约的执行方法。

（3）向劳动和社会事务部通报本法未规定的，与工作有关的违法行为和犯罪行为。

（4）向劳动者提供合适的投诉机制，使其为被侵权行为发声，并详细告知其如何使用这种机制。劳动监察部门应提出指导性清单，说明如何向该部监察司提供上述投诉信息及其提交方法。

2．分配给劳动监察员的职能不得与其基本职能相冲突，也不得以任何方式影响其与劳动者或雇主关系的公正性。

第一百二十八条

1．应成立工作监察委员会，由劳动和社会事务部的一名劳动监察员，最具代表性的雇主协会之代表和劳工协会代表共同主持。该委员会应由国家职业健康与安全中心的代表陪同监察必要项目。

2．被任命的劳动监察员必须至少具有大学学历并通过劳动和社会事务部为此目的举办的课程培训。

3. 劳动监察员、劳工协会代表和最具代表性的雇主协会之代表，应在执行职务之前，在部长或其授权代表面前进行以下法律宣誓：

（1）我向全能的上帝发誓，我将以诚实和公正的态度履行我的职责，不泄露任何以工作之便获知的职业秘密，即使在离职后仍然如此。

（2）劳动监察委员会应寻求专家之协助。

第一百二十九条

1. 劳动监察委员会应具有下列职能：

（1）无论白天还是夜间，可随时自由进入工作场所进行监察，无须事先通知。

（2）进行任何委员会认为必要的监察或质询，以确保不存在违反本法的情况，特别是采取以下举措：①就本法条款的应用情况，单独地或与证人一起向雇主或项目劳动者进行讯问。②审查信件、记录或其他文件等必须依照本法规定或与工作有关的指示予以保存，以确保其与本法规定相一致，并可取走上述文件的复印件或样本。③确保本法规定的指令和建议得到执行。

（3）从工作现场取走与职业健康和安全相关的样本，以作分析之用，但须通知雇主或其代表。

（4）书面要求雇主紧急执行以下事项：①为了符合有关劳动者的安全和健康的法律规定，必须在特定的时间内，对必要的固定装置和机器进行更换。②在劳动者的安全和健康面临迫在眉睫的危险时采取紧急措施。

2. 在不容推迟的危险情况下采取紧急措施，包括全部或部分中止工作或要求工作人员从工作场所紧急疏散。

3. 在每次视察后编制一份详细报告，其中包括违规情况摘要和对违反规定的雇主采取法律措施的建议。

4. 劳动监察委员会必须在项目视察期间，通知雇主或其代表存在这样一个委员会，除非委员会认为此项通知可能会影响其履行职能。

第一百三十条

1. 内部安保部队应响应劳动监察委员会提出的要求，在其履行职责时提供协助。

2. 应为劳动监察委员会的代表提供由部长签署的卡片，以确定其身份和职权，代表在执勤时必须随身携带此卡片，并在需要时向利益相关方出示。

第一百三十一条

禁止劳动监察委员会采取下列措施：

1. 直接或间接地从其所控制的项目中获得任何利益。

2. 泄露其在履行职责时得知的秘密，即使在离开工作岗位后。如发生泄露，将追究法律责任。

第一百三十二条

劳动监察委员会必须对其接到的任何针对违法行为的投诉之来源严格保密，且不得向雇主或其代表告知其监察之行乃因上述投诉而引起。

第一百三十三条

1. 劳动监察委员会和最具代表性的雇主协会和劳工协会，应每隔 90 天编写一份报告，提交给劳动和社会事务部。

2. 劳动监察委员会应发布年度报告，内容如下：

（1）与劳动监察委员会的活动有关的规定和指示。

（2）劳动监察委员会的员工。

（3）劳动监察委员会的统计，包括如下数据：①受监察的工作场所和在其中工作的劳动者数量。②监察走访。③违法行为及罚款。④行业事故。⑤职业病和工伤。⑥全部或部分中止的项目。

（4）有关普遍工资水平的数据。

（5）改进监察工作的建议。

第一百三十四条

1. 部长可在将违反规定的雇主提交有管辖权的法院之前，向其发出警告。

2. 部长有权基于劳动监察委员会的报告，根据本章规定，决定将违法雇主提交劳动法院，并在劳动监察委员会基于视察报告而提出的建议下，对上述雇主提起刑事诉讼。

3. 除非另有证明，否则劳动监察委员会的报告和监察员的证明书，应作为法庭作出判决时的采信证据。

第一百三十五条

任何阻止劳动监察委员会及其成员进入工作场所，或以任何形式阻挠妨碍其依法执行公务的，处以 1 个月以上拘禁，或处以 10 万以上 50 万以下伊拉克第纳尔的罚款。

第十四章　劳动纪律

第一百三十六条

1. 本法包括的定期雇用 10 名以上劳动者的雇主，应就下列事项制定内部规章细则：

（1）项目启动时间、工作时间、开工时间、每日和每周的休息时间。

（2）工资和加班工资额度。

（3）职业健康和安全措施。

（4）劳动者的义务和应遵守的纪律。

（5）年假和特别假期。

（6）工作主管的姓名和工作地址。

2. 劳动和社会事务部应颁布指导雇主的示范细则，如果雇主提出要求，则部门可协助雇主编制此类细则。

3. 如果项目业已存在，则雇主应在项目启动后3个月内，或从执行本法规定起3个月内，在与项目中的劳动者代表（如果有）进行磋商后，制定细则。

4. 雇主应在细则开始实施之前将其提交给主管部门或法律部门批准或修改，雇主在提交之日起30天内应收到最终版本或修订版本获准的通知，如到期未获通知，则上述细则应视为已获得批准。

5. 经批准后，雇主应在工作场所的显眼位置展示本细则，且应保持这些细则通俗易懂。

6. 细则中如有损害本法或集体协议中的劳动者权利之规定，一律无效。

第一百三十七条

1. 劳动者因失职，或与其直接或间接有关的任何事情而造成的损害，应向雇主赔偿。

2. 雇主应证明劳动者有过失，并确定劳动者根据法院裁定所应支付的赔偿金，除非双方同意友好解决这一问题。

3. 本条第1款规定所提到的损害责任，是指因故意、重大过失或严重过错造成的损害。

第一百三十八条

1. 自雇主或其代表得知劳动者违纪行为起15天之后，雇主不得对劳动者进行任何违纪处分。

2. 如劳动者违反指令或违反劳动合同规定的义务，则应接受下列处罚之一：

（1）向劳动者发出书面通知予以警告，说明劳动者违纪行为，并警告其今后不得违背职责。

（2）暂停工作不超过 3 天。

（3）在发生违规行为的当年，扣发劳动者的年度加薪，并采取纪律处分，期限不超过 180 天。

（4）对劳动者进行降级，并相应降低工资。

（5）解雇。

3. 纪律处分必须与劳动者违法行为的严重性相对应。

4. 对同一违规行为，雇主不得对劳动者施加一种以上的处罚。

第一百三十九条

除非集体协议另有规定，否则不得对劳动者强行罚款。

第一百四十条

在对劳动者进行纪律处分之前，必须给予劳动者一次机会，使其在有劳动者代表在场的情况下，进行自我辩护；如果处以罚款，其数额应归于劳动者养老和社会保障基金。

第一百四十一条

只有在下列情形之一时，方可施以解雇处罚：

1. 劳动者有重大违法行为，给雇主造成了严重物质损失。

2. 劳动者泄露工作中的机密之一，导致雇主遭受严重损害，且证据确凿。

3. 劳动者违反劳动安全与卫生规定的，雇主应向其发出书面警告，声明如有再犯，则直接终止劳动合同，而无须另行通知。

4. 根据主管医生的报告，劳动者在工作时间内被发现不止一次处于醉酒或受药物影响的状态，且该劳动者因此受到过不止一次的警告。

5. 劳动者实施了不符合职业道德的行为，但前提是该劳动者之前曾被警告过。

6. 劳动者在工作期间或工作时间以外，对其雇主、经理或同事进行人身攻击。

7. 劳动者在工作期间连续 10 天或累计 30 天无理由旷工。

8. 劳动者在工作期间对其同事犯下重罪或轻罪，并因此被法院判决有罪。

9. 劳动者被判处有期徒刑 1 年以上的。

第一百四十二条

如果劳动者连续 5 天或累计 20 天旷工且没有任何理由，雇主应向劳动者发出书面警告，如果劳动者又出现连续 5 天或累计 10 天旷工的情况，则雇主可以解雇之。

第一百四十三条

1. 除非本法另有规定，劳动者的雇佣合同不得因劳动者的过错而终止，但如果劳动者再犯或累犯，且雇主已就此向其发出过事先书面通知并充分考虑了本法第四十三条第 2 款之规定的情况除外。

2. 任何劳动者的雇佣合同不得因其工作表现不佳而终止，除非雇主已经给予劳动者必要的指示和书面警告，且劳动者自接到此类警告之日起 30 天内，工作继续无法达标。

3. 劳动者有权得到劳动者代表、工会或其自己选择的其他人的协助，就针对其行为和表现发起的申诉为其进行辩护，上述行为和表现可能会使该劳动者的雇佣合同终止。

4. 雇主在作出终止雇佣合同的最终决定之前，可向劳动者代表征询建议。

第一百四十四条

处罚决定应以书面通知形式发出并送达劳动者，该劳动者自决定发布并在工作场所的布告牌上展示起10天内，不得否认已接到上述通知。

第一百四十五条

1. 劳动者可在接到通知之日起15天内，就处罚决定向主管劳动法院提出异议。法院的最终裁决具有强制性。

2. 如果处罚结果为解雇，则向劳动法院提出异议的期限应为在接到解雇通知之日起30天内。该劳动者可自接到通知起30天内，向联邦最高上诉法院提出上诉。

3. 在管辖法院对劳动者进行审判期间，雇主应对劳动者的违规行为承担举证责任。

第十五章　集体协议和谈判

第一百四十六条

1. 在没有劳工协会的情况下，应由工会、协会或依照本法规定选出的劳动者代表，代表其成员与雇主、雇主团体、一个或多个雇主协会签订集体协议。

2. 集体谈判各方应由劳工协会或选出的劳动者代表（在没有劳工协会的情况下）和雇主、雇主团体或其协会构成。

第一百四十七条

1. 集体谈判应着眼于以下几点：

（1）劳工协会与雇主或其协会之间精诚合作，以实现劳动者的社会发展。

（2）改善就业条件。

（3）规范劳动者与用人单位之间的劳动关系。

（4）规范雇主或其协会与劳工协会之间的关系。

（5）解决劳动者与雇主之间可能出现的劳资纠纷。

2. 谈判各方根据其认为适合进行谈判的级别，有权自由决定谈判的层级而不受任何其他方的干涉，无论是就项目、行业，还是其任何一部分进行谈判，或是地区级、省级或国家级谈判。

3. 项目一级谈判产生的集体协议，不得包括比涉及同一项目的较高级别协议中所载条款略逊之条款，除非此类协议另有规定。

第一百四十八条

1. 如一个或多个工会提出书面要求，且其代表 20% 以上的项目劳动者，而且这些劳动者包含在集体协议当中，则雇主不得拒绝谈判。

2. 如果项目中的一个或多个工会不代表本条第 1 款规定的百分比，则劳动和社会事务部可应任一谈判方的要求，号召至少 60% 的项目劳动者进行无记名投票，以核实支持谈判的劳动者比例，并授权上述工会代表其如此行事。如果支持谈判的劳动者比例超过参加投票人数的 50%，则雇主有义务接受谈判。

3. 谈判应在项目中的工会组织代表、相关工会和雇主之间进行。

4. 如果代表项目劳动者的工会超过一个，则部分或所有这样的工会可就代表项目劳动者的谈判组达成一致，共同呼吁谈判；在这种情况下，雇主不得拒绝谈判。

5. 如项目中没有工会组织，则应根据部长指示，在从最具代表性的工会联合会选出的两名代表或由项目劳动者选出的另一家劳工协会之两名代表列席的情况下，在雇主与三名选出的项目劳动者之间进行谈判。

6. 本条第 4 款所述的工会，在不受任何一方干涉的情况下，可以采取必要的安排，确保其在谈判过程中共享代表权。例如，项目中的一家或多家工会可以书面授权另一家劳工协会代表其全体与雇主进行谈判，也可一致同意按照其代表项目劳动者的百分比在联合谈判组中确定各自的代表比例，还可以其认为合适的方式确保其各自在谈判过程中的代表权。

7. 如果上述工会不同意共同呼吁谈判，则任一工会可代表其成员进行谈判。

第一百四十九条

1. 希望谈判的一方必须向另一方发出书面请求，告知其谈判意愿，并在其中说明其希望谈判的事项。

2. 收到谈判请求的一方，最迟应在收到该请求之日起 7 天内，以书面形式通知另一方，表明其立场。

3. 相关的工会和雇主应在收到对方的书面答复后 14 天内，友好地进行集体协商，前提是谈判时长应自谈判开始后不超过 30 天。

4. 谈判各方及其协会应向另一方提供与谈判事项有关的必要数据和资料，以确保集体谈判顺利进行。谈判双方均可向各自的协会索要这些数据。

第一百五十条

1. 集体谈判所达成的协议，应按照本法规定的集体协议之条件和规则进行登记。

2. 如果谈判未能在双方之间达成协议，则任何一方都可以书面形式要求劳动和社会事务部采取必要措施，解决与本法规定间的争议。

3. 如果签订了集体协议，则协议各方必须在集体协议期满前 3 个月进行集体谈判以续签协议。如果在此期间未能续约，则该协议之有效期应追加 3 个月，并应为此目的而继续谈判。如果至最后期限仍未达成协议，则协议的任何一方可书面要求劳动和社会事务部采取必要措施，解决与本法规定间的争议。

第一百五十一条

1. 集体协议对双方及其签约代表均具有法律约束力。

2. 集体协议在法律上应包括由一个或多个工会所代表的所有项目劳动者，上述工会在最终达成协议的集体谈判中至少代表项目劳动者的50%。

3. 如果雇主为非工会劳动者提供更好的工作条件，则这些条件应自动适用于工会劳动者。

第一百五十二条

1. 如果项目中的工会未代表本法第一百五十一条第2款所述的百分比，则有关工会可要求扩大协议的范围，以将项目中的非工会劳动者或协议所涵盖的属于相同专业团体或类别的人员纳入协议中。

如雇主拒绝这一要求，则相关的一家或多家工会可要求劳动和社会事务部对该项目进行无记名投票。如果该次投票中超过50%的投票者同意扩大协议范围，则上述协议视为涵盖全体劳动者，前提是参加投票的人数不得少于该项目劳动者总数的60%，而劳动和社会事务部必须确保非工会劳动者中的大多数参与此次投票。

2. 如果未能达到本条第1款所规定的同意扩大协议范围的最低票数，则项目层面的集体协议应纳入促成协议签订的集体谈判中工会所代表的全部劳动者。

3. 未成为集体协议当事人的工会协会、雇主及其协会，应在集体协议在劳动和社会事务部登记后，加入该协议。上述加入应事先经双方的书面请求，然后提交劳动和社会事务部进行登记。

4. 集体协议的规定适用于协议生效后被录用的劳动者。

第一百五十三条

1. 任何一方都可以向劳动和社会事务部提出申请，要求其作出决定，将职业部门的所有劳动者纳入该协议，并遵守以下规定：

（1）集体协议必须包括若干劳动者和雇主，主管部委或不隶属于某一部委的部门认为其具备足够的代表性。

（2）纳入协议范围的申请，必须由一家或一家以上劳工协会或作为协议一方的雇主提交。

2. 劳动和社会事务部应公布扩大协议范围的申请，并请有关各方自提交申请之日起30天内提出意见。

3. 根据上述申请发布的纳入决定，必须明确协议范围是在相关区域或省级层面，还是可延伸到国家级层面。

第一百五十四条

1. 除其他外，集体协议可以规定如下内容：

（1）协议各方当事人的名称和居住地。

（2）协议范围。

（3）协议生效日期。

（4）协议期限不得少于1年。

2. 集体协议除其他外，可包括与下列方面有关的规定：

（1）雇主开出的工资和确定此类工资的机制。

（2）工作时间、带薪假期、加班工资和任何其他权利。

（3）试用期。

（4）纪律处分和处罚条例。

（5）组织专业实践和职业培训。

（6）改善工作条件和职业健康与安全的程序。

（7）审查、修改和终止集体协议或其任一部分的程序。

（8）工会权利。

（9）劳动者代表的权利。

（10）雇主与工会之间的关系。

（11）集体协议的执行机制。

（12）争端解决的程序。

3. 集体协议不得包括低于本法或任何其他法律规定的权利的条款。

4. 个人雇佣合同不得包含低于集体协议所赋予的权利之条款。

5. 集体协议不得含有违反本法规定的条款。

第一百五十五条

1. 集体协议应在有关各方当事人提交申请之日起 30 天内向本部门登记，并应提供合同副本，注明注册日期。

2. 如果集体协议中与本法规定有任何不同或分歧，则上述部门在备案之日起 30 天内，以书面形式通知协议各方。

3. 雇主应在工作场所的突出位置，展示与其项目有关的集体协议。

第一百五十六条

集体协议在下列情况下应终止：

（1）在双方同意的情况下。

（2）当该协议期满时。

（3）如果是开放式合同，在其开始生效起 3 年后，或其有效期在 3 年以上，由任何一方终止，但应在期满前 90 天通知另一方。

（4）如协议为项目级协议，且该项目处于完结状态。

（5）如果项目所有权或部分所有权已经转让给新的所有人，则项目级集体协议不得终止。

第十六章　集体和个人劳动争议

第一百五十七条

1. 如果因实施本法、其他现行的有关劳动和劳动者的法律、现行集体协议或仲裁裁决的规定而导致现有权利发生争议，则争议的任何一方或双方均有权将争议提交本部门裁决，并在自收到书面通知之日起 14 天内作出适当的决定，不论此争议是劳动者和雇主之间的个人纠纷，还是所有劳动者或其协会与雇主或其协会之间的集体纠纷，集体协议不包括纠纷解决机制。

2. 本部门的决定对争议各方具有约束力。

3. 如果争议未按照本条第 1 款的规定解决，或争议的任何一方对劳动和社会事务部关于争议事项的决定内容不满意，任何一方均可诉诸劳动法院解决争议。

4. 劳动法院须在提交申诉之日起 30 天内，就争议事项作出裁决，法院的裁决具有决定性。

第一百五十八条

1. 集体争议的任何一方，无论争议与现有权利还是未来利益有关，均可就存在的争议向劳动和社会事务部提交书面通知，后者应将该通知的副本提供给上述争议的相关其他方。

2. 本条第 1 款规定的通知应包括以下细节：

（1）争议各方的名称和地址。

（2）争议事由以及引起争议的事实和情况。

（3）为解决此类争议而采取的行动（如有）。

第一百五十九条

1. 在收到争议通知后，劳动和社会事务部应指派一名具有劳工问题经验的调解人，担任争议各方的中间人，将劳资双方的观点汇集起来，以达成解决争议的协议。如果争议涉及与修正雇用条件或采用新雇用条件的建议有关的未来利益，则自本部门获悉争议之日起 5 天内，该调解人应召集双方开会，就争议的实质进行审查。

2. 本条第 1 款所指的调解人必须具备争议事项方面的专业知识，并不应在其中拥有利益，而且在过去也未曾以任何方式参与过对该类争议的审查或试图解决此类争议。

3. 调解人有权审查争议的各个方面，当事人的有关文件以及争议的原因，并要求双方当事人就争议事项提供相关细节和资料。

4. 调解人应听取争议各方的陈述，并向他们提供协助，以便争议得到解决。在争议得到解决的情况下，解决方案的条款应列入会议纪要，并应被视为对所有相关方具有终极约束力。

5. 如果调解人不能汇集各方的意见，则应以书面形式向争议双方提出其解决争议的建议。

6. 如果争议双方接受调解人提供的建议，则调解人必须以双方签署的书面合同予以确认。

7. 如果一方接受调解人的建议而另一方拒绝，则后者应说明拒绝的理由；在这种情况下，调解人可以给拒绝方不超过三天的时限以改变其立场。如拒绝方改变立场并接受上述建议，则应由双方与调解人共同签署书面协议予以确认，且该协议为最终裁决，对争议双方均有约束力。

8. 如果双方同意只接受调解人的部分建议而不接受其他部分，则所接受的建议应由双方和调解人共同签署的书面合同予以确认，而本法有关自愿仲裁的规定应适用于被拒绝的建议。

9. 如果调解建议不能成为双方都能接受的全部或部分解决办法，则调解员应自首次聆讯之日起 14 天内，就此向本部门提交一份报告，说明双方的争议概要、所提的建议以及双方的立场。

10. 如果争议双方之间的调解程序失败，调解员可以建议双方向劳动和社会事务部提交书面请求，以便通过自愿仲裁解决争议。

第一百六十条

1. 由部长决定组成一个仲裁小组，就有关未来利益的争议进行调查。

2. 仲裁小组应在首次聆讯之日起两个月内，对所提交的争议作出裁决。

3. 如果争议未能在本条第2款规定的期限内得到解决，则仲裁小组在获得争议各方同意后，可将争议裁定期限再行延长，但不得超过两个月。

4. 仲裁小组可决定听取证人和专家对争议的是非曲直的陈述，走访引发争议的项目，审查与争议有关的所有文件，并采取能够对争议作出裁决的行动。

5. 仲裁裁决书应一式三份，争议双方各持一份，第三份连同争议文件，在作出裁决后三天内送交劳动和社会事务部。

6. 本部门应在收到裁决书之日起30天内将裁决书登记在案，争议双方或其代表可获得裁决书复印件一份，包括登记日期。

7. 如果裁决中存在重大错误，或裁决过程中存在重大失误，从而影响裁决的有效性，或裁决是在没有书面证据或根据无效合同而作出的，或裁决脱离协议范畴，争议双方可在获知裁决内容之日起14天内，就该裁决书向劳动法院提出质疑。

8. 仲裁庭的裁决在经过劳动和社会事务部登记后，对双方当事人具有约束力，在成为最终裁决后应予以强制执行。

9. 伊拉克诉讼法的规定适用于仲裁小组的成立及其运作和决策机制。

第一百六十一条

1. 有关未来利益的集体争议，有下列情形之一的，应当通过仲裁解决：

（1）如果争议各方同意将争议提交仲裁。

（2）如果争议是关于谈判或起草劳工协会所代表的劳动者之第一份集体协议，则应劳工协会或争议一方的要求去解决争议。

（3）如果争议与服务有关，且服务中断会危及所有或部分居民的生命、安全或公共健康。

2. 劳动和社会事务部应与最具代表性的劳动者和雇主协会共同协商，以确定本条第 1 款第（3）项所述的关键性服务。

3. 如果争议各方未能在工作场所就本条第 1 款第（3）项所述的关键性服务达成协议，则劳动和社会事务部可将争议提交劳动法院裁决，法院应在收到请求之日起 48 小时内确定争议审查日期。

4. 劳动法院应自本条第 3 款规定的期限届满起七天内对该争议作出裁决。

5. 争议各方在接到裁决通知或视为接到裁决通知之日起 15 天内，可针对该裁决向最高上诉法院提出上诉。

6. 最高上诉法院应在收到上诉后 15 天内，对质疑作出裁决，该裁决为最终裁决。

第一百六十二条

1. 如果解决未来利益纠纷的程序结束，但未能达成任何协议，则劳工协会或因劳工协会缺位选出来的劳动者代表可诉诸和平罢工，以捍卫其成员的职业、经济和社会利益。

2. 如劳工协会或因劳工协会缺位而选出来的劳动者代表有意举行罢工，则必须在罢工前至少七天，向劳动和社会事务部以及争议另一方发送书面通知。

3. 通知中必须包括罢工的原因和罢工的时间。

4. 不得为了审查或修改有效的集体协议之条款而举行罢工。

5. 罢工必须以和平方式进行。

6. 只要解决争议的过程尚未按照本法的规定结束，则参与争议的劳工协会就不得宣布罢工。

7. 对于若其中断就会危及全体或部分居民生命、公共安全或健康的项目，劳动者及劳工协会不得举行罢工。

8. 罢工的劳动者不得妨碍他人的工作自由，亦不得实施任何行动，阻止其他劳动者、雇主或其代表前往工作现场从事例行工作，无论是通过威胁、暴力，还是通过占领工作场所或损坏财产等违法行为。

第一百六十三条

1. 罢工期间，雇主或其代表与劳动者之间的劳动关系不得中断。

2. 只要劳动者是依照本法规定实施罢工或号召罢工，则雇主不得对其施以任何处罚。

3. 雇主不得用长期或临时雇用的其他人取代罢工劳动者。

4. 雇主不得在争议解决阶段，提出关闭全部或部分项目或减少项目的规模或活动的请求。

5. 罢工只是暂停劳动合同，但并未终止之。

第一百六十四条

1. 在罢工期间，劳动和社会事务部可在雇主和劳动者双方在场的情况下举行会议以解决争议，如果双方不出席会议，可处以10万以上50万以下伊拉克第纳尔的罚款。

2. 会议的举行或邀请不得妨碍劳动者及其劳工协会继续罢工的权利。

第十七章　劳动管辖权

第一百六十五条

每个省均设有一个或多个劳动法院，由下列人员组成：

1. 最高司法委员会首席大法官参照上诉法院院长意见而任命的法官一名。

2．最具代表性的总工会代表一名。

3．最具代表性的雇主协会代表一名。

第一百六十六条

1．劳动法院有权审理下列案件：

（1）本法、职工养老金和社会保障法及其他法规所规定范围内的民事诉讼和刑事诉讼、诉讼和争议。

（2）如果没有劳动法院，则对于辖区内诉讼案件的临时裁定，由初审法院行使管辖权。

（3）法律规定的劳动法院拥有管辖权的其他诉讼和事项。

2．劳动者或其劳工协会是原告的，在诉讼的各个阶段免收其诉讼费。

3．劳动诉讼为优先审理的诉讼。

4．劳动法院根据本法对雇主处以的罚款数额，应归属于劳动者养老和社会保障基金。

第一百六十七条

最高上诉法院应根据最高司法委员会的决定成立一个三方机构，即劳工问题委员会，以审理本法所述的争议。

第一百六十八条

1．对劳动法院的判决，可提出反对缺席判决的质疑，也可以上诉并重审。

2．对劳动法院的判决不服的，应在通知送达后30天内，到最高上诉法院上诉。

3．最高上诉法院可根据本法的规定，维持或撤销原判，或决定诉讼议题。

4．被定罪人可从接到劳动法院通知后的第二天起10日内，对劳动法庭作出的缺席判决提出反对意见。

第一百六十九条

雇主应自作出最终处罚决定之日起60天内，消除其被判处违法之行为造成的后果，如若重犯，则根据本法规定，处以双倍处罚。

第十八章　最终条款

第一百七十条

1. 地区内的劳动部门或未纳入地区管辖范围的省份，应与雇主和劳工协会协作，为每位劳动者免费提供一张劳动卡，该卡的制作应参照劳动和社会事务部根据国家数据库编制的一般性样本进行。数据库中应登记其档案中所载的所有基本资料。该卡必须包含劳动者的近照，以及职工养老金和社会保障法或其他现行法律所涵盖的劳动者之社会保障号，且须有劳动部门负责人的签章。

2. 如劳动者长期受聘为政府部门、公共部门或者公私混合部门的官员，应将根据本法签发的劳动卡退回劳动部门。该劳动者应将此事通知劳动部门，以便对其劳务进行计算。该劳动者应提交承诺书，证明其未曾在任何其他地方工作过，若首次获得任命除外。

第一百七十一条

废除下列法律和决议：

1. 1998 年第 30 号法律，1983 年第 64 号私人部门法中取消劳动卡。

2. 1990 年 9 月 9 日颁布的革命指挥委员会第 368 号决议，该决议允许在私营、公私混合部门的项目中雇用 12 岁以上的青少年。

3. 1980 年 4 月 27 日颁布的革命指挥委员会第 600 号决议，该决议规定对以退休为目的的职业实践期不进行计算。

4. 1980 年 7 月 5 日颁布的第 1057 号决议，该决议规定了现行法律允许的从业人员执业期限的计算方法，以确定已取得公民身份的阿拉伯公民的工资。

5. 2004 年 5 月 30 日颁布的联盟临时权力机构（CPA）第 89 号令。

6. 1989 年第 480 号决议。

第一百七十二条

废除 1987 年第 71 号劳动法，其下发布的条例、指令和附则如不与本法相抵触，则应继续有效，直至颁布替代性法规或被废止。

第一百七十三条

部长应发布指示和制定细则，以促进本法条款的执行。

第一百七十四条

本法自官方公报公布之日起 90 天后正式生效。

Registration Regulation of Foreign Branches in Iraq

(No. 2 of Year 2017)

Article 1

The following terms have the under-mentioned meanings for the purpose of this Regulation:

1. The Minister: Minister of Trade.

2. The Registrar: The Registrar of Companies.

3. The foreign company: A company incorporated outside Iraq according to a foreign law.

4. Registration License: A document issued by the Registrar of Companies which announce the registration of a foreign branch in Iraq accordingly.

5. The branch: A legal entity represents the foreign company in Iraq.

Article 2

Every foreign company which wishes to exercise trading activity in Iraq two years after its setting up, can open a branch after submitting the following documents to the Registrar duly translated into Arabic language and legalized by the competent authorities in its home country:

1. The special form of the license application designated by the Registrar.

2. The memorandum of incorporation and articles of association of the

foreign company or any other equivalent document.

3. A valid certificate of registration (incorporation) of the foreign company or an equivalent document.

4. A list of the members of the board of the foreign company including their names and nationalities, and names of authorized signatories.

5. Authorization document for the manager who is empowered to manage the branch in Iraq and actually residing therein.

6. Authorization document for the person who is designated to submit the application to open the branch in Iraq.

7. The final accounts of the last financial year of the foreign company.

8. The warranties formatted by the Registrar.

9. Any other document concerning the company business which is ordered by the Registrar.

Article 3

1. The Registrar issues his decision to approve or refuse the matter concerning providing the foreign company with the registration license of a branch in Iraq within 30 business days after the date of application. The Registrar must respond to the requirement stated in Article 2 of this Regulation within the mentioned 30 days, otherwise the application is considered acceptable and in case of refusal there must be a reason for the decision.

2. The foreign company can object against the refusal decision according to law.

3. The person who is authorized to register the branch in Iraq has to publish the decision of the branch registration in a local newspaper for one time within 15 days after paying the legally determined dues, otherwise the decision shall be considered invalid.

4. The Registrar is to publish his approval decision in the internal bulletin.

5. The Registrar is to issue the registration license within 7 business days as

from the last publication date.

Article 4

The registration license is not considered as a permit to exercise the activity.

Article 5

1. The branch must abide by submitting the following to the Registrar:

(1) A formal document stating the full address of the branch domicile in Iraq dully legalized by a competent authority.

(2) A supporting letter from one of the licensed banks in Iraq which confirms the company has opened a current account.

(3) A license of activity permit issued by the authority which is specialized in such activities.

2. The branch which obtains the registration license has no right to exercise trading activities without submitting all the documents mentioned in Clause 1 of this article.

3. The branch must abide by the following:

(1) Fix its full name in the registration license and its headquarters in Iraq in Arabic language. Mark out the name on all its documents and papers clearly. It is workable to use the foreign language as an addition.

(2) Account Book—keep a regular account in Arabic language for all its activities in Iraq in compliance with the accounting regulation and related laws.

Article 6

The branch shall exercise trading activities in the following cases:

1. Sign a contract with one of the Iraqi government authorities, public or mixed sectors.

2. Obtain investment license in conformity with valid investment laws in Iraq.

3. Obtain business license from any legally authorized Iraqi authority.

4. Transact with the private sector in Iraq provided that the contract amount or the project value must not be less than one million U. S dollars.

Article 7

1. The branch shall be managed by a manager or someone who acts on his behalf in case of his absence according to an authorization from the foreign company providing that the agent must reside in Iraq.

2. If the company changes the branch manager or allows someone who acts on his behalf, the Registrar must be notified within 30 business days as from the date of the certification done by Iraqi Embassy of its home country on such change documents in the foreign company.

Article 8

1. The branch accounts and activities must be audited by a licensed chartered accountant in Iraq.

2. The branch must submit its audited final accounts and a report about its activities in Iraq to the Registrar within the eight months following the end of that year.

Article 9

The Registrar can demand any information or document if he finds the necessity of submitting such information to facilitate applying the provisions of the law.

Article 10

The Registrar can select one or more inspectors who are qualified and experienced to inspect the branch business in case of necessity, and the branch must provide all required facilities for the inspector to finish his work.

Article 11

1. The Registrar can cancel the registration license of the branch and write off its name from its records by a reasonable decision upon the following cases:

(1) If the branch does not exercise any trading activities in conformity with Article 9 of this regulation after four years as from the date of its carrying out the last trading activity.

(2) In case of not submitting the final accounts to the Registrar and the required documents for two consecutive years after issuing the registration license without reasonable excuse.

(3) If it is proved that the branch has submitted false documents or inaccurate information.

(4) If it is proved that the branch is exercising an activity in contradiction to the Iraqi legislation or a business that affects the country security.

2. The foreign company can object against the Registrar's decision concerning the cancellation and termination of the branch at the competent court according to the law.

3. The Registrar has to publish the deletion decision in its internal bulletin and a daily newspaper for one time after acquiring the decisive grade or the expiry of litigation period.

Article 12

1. The foreign company has to submit an application to liquidate its branch in Iraq within 60 business days as from the date of certification on the documents by the Iraqi consulate in its home country confirming the following cases:

(1) Announcement of its bankruptcy.

(2) Losing its corporate capacity as a result of merging with other company or companies.

(3) Its wish to liquidate the branch and end its business in Iraq.

2. The foreign company has to appoint one or more liquidators to follow up the liquidation procedures.

3. The Registrar issues the decision of liquidation within 15 business days as from the date of submitting the application of liquidation.

4. The Registrar publishes the liquidation decision in two local newspapers for one time and informs the Iraqi competent authorities within 7 business days as from the date of issuing the liquidation decision.

5. The branch accomplishes the liquidation procedures and submits the final liquidation accounts within two years as from the date of issuing the liquidation decision.

6. The Registrar issues the decision of striking off the branch from its records within 7 business days as from the expiry of the liquidation procedures.

7. If the liquidation procedures are not finished within the determined period in Clause 5 of this article, the Registrar shall cancel the registration license and terminate the branch.

8. If the registration license is canceled and the company branch is terminated, the foreign company shall bear the legal and financial obligations incurred on the branch during its existence in Iraq.

9. The Registrar publishes the termination decision in his bulletin and informs the competent authorities about that.

Article 13

1. The foreign company abides by providing the Registrar with a report if it starts any trading business in Iraq according to the special form which is prepared for this purpose.

2. The government authorities, the public and mixed sectors must abide by providing the Registrar with a report about any trading business the branches of foreign companies are exercising according to the special form which is prepared for this purpose.

Article 14

1. The foreign company is forbidden to exercise any trading activity or open a domicile in Iraq without having the registration license in compliance with the provisions of this regulation.

2. The branches and offices of foreign companies existing for the time being in Iraq whether registered or not must adapt its legal affairs in conformity with provisions of this regulation within one year as from its effectiveness.

Article 15

The penalties and provisions stated in companies law (No. 21 of Year 1997) shall apply on the branches.

Article 16

Abolish regulation of branches and representation offices of foreign companies (No. 5 of Year 1989).

Article 17

This Regulation shall be effective as from its publication in the formal gazette.

Iraqi Labour Law

(No. 37 of Year 2015)

CHAPTER 1 DEFINITIONS

Article 1

For the purposes of this Law, the following words and expressions shall have the meanings assigned thereto:

1. Ministry: The Ministry of Labour & Social Affairs.

2. Minister: The Minister of Labour & Social Affairs.

3. Department: The Department of Employment and Loans.

4. Competent Authority: Any authority responsible for the implementation of the provisions of this Law.

5. Work: Every mental or physical effort exerted by the employee against a wage, whether permanent, incidental, temporary, part-time or seasonal.

6. Employee: Every natural person, whether male or female, who works under the direction, supervision and management of an employer, whether working by virtue of a written or oral, explicit or implicit contract, as a trainee or on trial, whether working intellectually or physically against a wage of any kind whatsoever under this Law.

7. Insured Employee: Every person who works on a collective or individual work project or in the unregulated labour sector and pays the social security contribution to the employee's Pension and Social Security Fund. The Pension Fund

provides guarantees, services, compensations, bonuses or salaries for the insured employee.

8. Employer: Every natural or legal person who employs one or more employees against a wage of any kind whatsoever.

9. Employment Contract: Any explicit or implicit, oral or written agreement according to such agreement the employee carries out work or provides a service under the management and supervision of the employer against wage of any kind whatsoever.

10. Temporary Work: Any work requires a specific period of time for the implementation and accomplishment.

11. Incidental Work: The work that is required due to contingencies, which is by nature not included in the activities carried out by the employer. The accomplishment of the work does not take more than six months.

12. Forced Work: Every work or service forcibly imposed on any person under threat of any penalty. Such a person did not volunteer for performance by his own free will.

13. Part-time Work: The work performed during working hours that are less than the normal daily working hours provided for under this Law, whether such work is performed daily or for certain days of the week; such working hours shall be calculated on a weekly basis or on average during a certain employment period.

14. Wage: All cash or in-kind entitlements of the employee against his work of any type whatsoever, plus all allowances given to the employee of any type whatsoever, and wages owed for overtime work.

15. Work Disputes: Any dispute arising between an employee, a group of employees, an employees' association or a combination of them on the one hand, or an employer, a group of employers, an employers' association or a combination of them on the other hand, which centers on existing rights represented under the provisions of this Law or other applicable laws concerning work and workers, or on issues related to the application mechanisms or interpretation

of an applicable individual or collective employment contract or arbitral award. And disputes arising about future interests related to a proposal for amending current employment terms or approving new employment terms.

16. Collective Negotiations: The negotiation made between the employer or a group of employers, or one or more of their associations on the one hand, and one or more employees' associations or representatives of employees elected in accordance with the provisions of this Law in the event of the absence of employees' associations on the other hand, to determine work relations or conditions and organize relations between such parties or their associations.

17. Collective Agreements: All written agreements governing terms, conditions and relations of work, terms of recruitment related to work conditions and terms of employment, which are made between an employer or a group of employers, one or more of their associations on the one hand, and one or more associations of labour unions or representatives of elected employees, in the absence of labour associations on the other hand.

18. Trainee: Every person undergoing an internship, training or qualification.

19. Training Programs: Include vocational, educational or entrepreneurial training.

20. Juvenile Worker: For the purposes of this Law, every person, male or female, who has reached the age of 15 and has not reached the age of 18.

21. Child: Any person who has not reached the age of 15 years.

22. Labour Association: Free labour association with financial and administrative independence has corporate personality, which represents the interests of workers, defends their rights, works to improve their work conditions and represents them before different institutions in accordance with the Law.

23. Foreign Worker: Every natural person, who does not hold the Iraqi nationality and works or wishes to work in Iraq as a worker, who does not work for his own account.

24. Project: Every workplace managed by a natural or legal person who

employs one or more employees in accordance with an employment contract.

25. Direct Discrimination: Any differentiation, exclusion or preference based on race, colour, sex, religion, doctrine, political opinion and belief, origin, or nationalism.

26. Indirect Discrimination: Any discrimination, exclusion or preference based on nationality, age, health, economic or social status, or union affiliation or activity, that would annul or impair the implementation of equal opportunities or equality in the treatment in employment and occupation.

CHAPTER 2 OBJECTIVES AND APPLICABILITY

Article 2

This Law aims at regulating the work relations between workers and employers and their associations in order to protect their rights, achieve sustainable development based on social justice and equality, secure decent work for all without any discrimination for developing the national economy, achieving human rights and fundamental liberties, organizing the employment of foreign workers working or willing to work in the Republic of Iraq and executing the duly ratified provisions of Arab and international labour agreements.

Article 3

1. This Law shall apply to all workers in the Republic of Iraq and the like, unless otherwise provided for in Clause 2 hereof.

2. The provisions of this Law shall not apply to:

(1) Public officials appointed in accordance with the civil service law or a special legal provision.

(2) Members of the armed forces, the police and internal security.

CHAPTER 3 FUNDAMENTAL PRINCIPLES

Article 4

Work is the right of every citizen capable of performing it and the State shall strive to provide such work on the basis of equal opportunity, without any discrimination of any kind whatsoever.

Article 5

The Law shall ensure the worker's right in his labour services and the duration of its exercise. The service of the insured worker shall be calculated as an actual service for the purposes of determining salary and pension in relation to an Iraqi worker upon appointment in government departments and public sector.

Article 6

The freedom of work is protected, and the right to work may not be restricted or denied. The State follows a policy of enhancing full and productive work and respects the fundamental principles and rights therein, whether by law or by application, including:

1. Union freedom and effective recognition of the right to collective negotiation.
2. The elimination of all forms of forced or compulsory labour.
3. The effective elimination of child labour.
4. The elimination of discrimination in employment and occupation.

Article 7

The minimum age for employment in the Republic of Iraq is 15 years old.

Article 8

1. This Law shall prohibit any violation or oversight of the principle of equal opportunity in treatment for any reason whatsoever. In particular, discrimination between workers, whether direct or indirect, in all matters related to vocational training, employment, or work terms and conditions.

2. This Law shall prohibit the employment of a worker contingent upon refraining from joining a union or waiving the right of membership therein.

3. Any discrimination, exclusion or preference in connection with certain work shall not be considered as discrimination if based on the qualifications required by the nature of such work.

Article 9

1. This Law shall prohibit forced or compulsory work in all forms, including the following points:

(1) Slavery or debt labour.

(2) Bonded labour.

(3) Secret trafficking of immigrant persons and workers, which by its nature, is not optional work.

(4) Domestic work that includes coercive factors.

2. Work shall not be deemed to be forced or compulsory if performed as follows:

(1) Any work or service usurped from any person based on a conviction by a court of law, provided that such works or services are carried out under the su-

pervision and control of public authorities and such person is not hired by individuals, companies associations is placed under their disposal.

(2) Completion of any work or service, which are part of normal civic duties in accordance with the provisions of this Law. work or service.

(3) Any work or service usurped in emergencies are generally, any situation threatening the survival or well being of the population in whole or in part.

Article 10

1. This Law shall prohibit sexual harassment in employment and occupation, including such behaviour job seeking, vocational training, employment or terms and conditions of work.

2. This Law shall prohibit any other behaviour that creates a hostile, intimidating or offending work environment for those against whom such behaviour is directed.

3. Sexual harassment shall mean, in accordance with the provisions of this Law, any physical or verbal behaviour of a sexual nature or any other behaviour based on sex which affects the dignity of women or men, and is considered undesirable, unreasonable and insulting to the recipients. Therefore, the rejection and non-submission of any person to such behaviour, explicitly or implicitly, may lead to a decision that affects his or her job.

Article 11

1. The worker shall have the right to resort to the labour court to file a complaint when he is subjected to any form of forced work, discrimination or harassment in employment and occupation.

2. Every person who violates the provisions of the articles set out in this chapter which relate to child labour, discrimination, compulsory work and sexual harassment, as the case may be, shall be punished by imprisonment for a pe-

riod of not more than six months and with a fine of not more than one million Iraqi Dinars or by either penalty.

Article 12

If the main employer subcontracts his work or any parts thereof to another employer, under the same working conditions, the subcontractor must provide equal rights for his workers and the workers of the main employer, and both employers must be jointly liable in this respect.

Article 13

In order to determine whether a person is employed by another person, the court shall determine the nature of relationship between both parties based on the facts that relate to the performance of work and the wage paid to the worker, regardless of the description of the relationship in any violating contractual or non-contractual arrangement as may be agreed by the parties.

Article 14

1. The rights contained under the provisions of this Law represent the minimum threshold of the workers' rights. And such provisions shall not affect any of the rights granted to the worker under any other law, employment contract, agreement or decision where if any right better than those determined thereto by virtue of the provisions of this Law.

2. Any clause in a(n) contract or agreement whereby the worker waives any of the rights determined thereto by virtue of the provisions of this Law, shall be null and void.

3. In the absence of a provision in this Law, the relevant Arab and international labour conventions which are duly ratified shall apply.

Article 15

Periods and dates provided for under this Law shall be calculated according to the Gregorian calendar. For the purposes of this Law, the year shall be 365 days, and the month shall be 30 days.

Article 16

The Arabic language shall be the language used in all work relationships, contracts, records and documents. The Kurdish language shall be used with the Arabic language in Kurdistan Region. Any document executed in a foreign language cannot be used against the worker even if the document bears the worker's signature.

CHAPTER 4 EMPLOYMENT AND VOCATIONAL TRAINING

Section 1 Employment

Article 17

1. A committee called the Higher Committee for Planning and Employment of the Labour Force shall be formed by a decision from the council of ministers, which shall be presided by the Minister with the membership of representatives from the relevant ministries, labour associations and the most representative associations of employers. This Committee shall draw up the general policy for employment and vocational training.

2. The decision of the formation, operation and number of members of the

Committee shall be determined by instructions rendered by the minister.

Article 18

The Ministry shall establish general employment divisions properly distributed to facilitate communication between them and the employers and workers. Such departments shall provide services free of charge and the ministry shall determine their functions and competences by instructions rendered by the Minister.

Article 19

The employment division at the Department shall undertake the following:

1. Provide employment services for workers, job seekers and employers free of charge as per the opportunities available.

2. Cooperate with the public, private, mixed and cooperative sectors responsible for the organization of the labour market to realize and maintain full employment and to develop human resources.

3. Assist workers to find work that is commensurate with their professional skills, mental and physical abilities, and assist employers in finding workers suitable for the work to be assigned to them.

4. Register job seekers and state their professional qualifications, experiences and desires as well as interviewing them and assessing their physical and professional abilities and assisting them to get professional guidance, counselling or retraining.

5. Obtain accurate information from the employer on vacancies notified to the division and on the requirements to be satisfied by the potential workers.

6. According to Articles 30 and 31 of this Law, nominate Iraqi job seekers who meet professional skills and mental and physical abilities for the work available to them and also non-iraqi workers. The precondition is that they meet the qualifications specified for the required work.

7. Grant the job seeker a document called Employment Card in which his personal data and the type of work he is seeking shall be specified.

8. Refer job and vacancy seekers to another employment division if the work suitable for the job seeker cannot be found, or the vacancy cannot be properly filled from the initial division or if other circumstances require such procedure with the consent of the job seeker.

9. Prepare periodic data in cooperation with the relevant associations, administrations and unions, and provide information on the condition of the labour market including expected developments within the State, industries, professions or different regions, by providing, collecting and analyzing them regularly and accurately for the public sector, the concerned labour associations and employers.

10. Take appropriate actions to facilitate the following:

(1) Mobility of the national labour force in various types of professions.

(2) Mobility of the national labour force to regions where suitable work opportunities are available.

(3) Temporary mobility of the national labour force from one region to another, to provide the supply of labour and its demand.

(4) Mobility of labour force from one country to another, which is authorized by governments on the basis of the principle of reciprocity.

Article 20

1. The Ministry shall form a tripartite committee called the Tripartite Advisory Committee composed of representatives from the Ministry, the concerned ministries and representatives of the most representative labour associations and employers.

2. The Ministry is responsible for administrative support to the Tripartite Advisory Committee's consultation procedures and to carry out appropriate arrangements with the associations represented in the Committee to fund any

training necessary for the members of this Committee.

Article 21

The employer shall be obliged with the following:

1. Notify the employment division in his region about the existing vacancies, within a period of not more than 10 days from date the vacancy appeared, and the employment division shall notify job seekers thereof according to the following procedures:

(1) The employer shall submit a request to the employment division in his region stating the type of work required and specifications to be met by the job seeker.

(2) The employment division shall respond to the request if the required worker is available within its records, otherwise, the division shall contact other divisions to respond to the request.

(3) The employer shall be notified by a letter of nomination or declination within 15 days from the date of receiving and registering the request of the employer with the competent division.

2. The employer may immediately employ workers upon receipt of a nomination notification from the employment division.

Article 22

The job seeker shall be entitled to reject the work for which he was nominated if there were objective reasons that preclude acceptance of the work or if the work does not suit his profession and level of skill, otherwise his right shall be forfeited in the sequential order and he may submit a new application and be given a new sequence order in that regard.

Article 23

1. The Ministry shall issue licenses for the establishment of private employment offices, provided that such offices shall not receive any commission or fee from the worker in return for his employment.

2. The terms and conditions for the establishment of the private offices herein, including the rules and conditions for the annual renewal of licensing such offices, revocation of licenses, method of its management and mechanism of supervision over such offices, shall be determined by virtue of instructions issued by the Minister in that regard.

Article 24

1. The employer who violates the terms of employment provided for under Article 21 of this Law shall be punished by imprisonment for not less than 3 months and not more than 6 months and with a fine not less than 100,000 Iraqi Dinars and not more than 500,000 Iraqi Dinars, or by either penalty. The number of fines shall be equivalent to the number of violators.

2. The fine provided for in Clause 1 herein shall be doubled if the violation is repeated.

Section 2 Vocational Training

Article 25

1. Vocational training aims at the following:

(1) Train those in the age of pre-employment and provide them with technical expertise for all kinds of work in order to supply the various employment sectors with the needed competent technical skills.

(2) Retrain unemployed workers, for post-employment and those at risk of unemployment for various levels of qualifications, skill development and retraining employees to raise the level of their professional competence and productivity.

2. Collective agreements shall outline the rights and obligations of workers and employers regarding vocational training.

Article 26

1. Public and private vocational training centers shall provide vocational training programs to the Employment Division in accordance with the provisions of this Law, and the employment division shall provide advice on types of training programs skills and organize employment after training.

2. Training programs provided by vocational training centers shall lead to setting-up professional competencies. An anadhoc committee shall be formed by a decision from the Minister in coordination with the labour associations and employers, so as to add new professions as per the labour market requirements, and to provide the employment divisions within such programs to provide advice and guidance for the unemployed about types of training programs skills and the organization of employment.

3. (1) Private companies and non-governmental organizations concerned with training must obtain a license from the Ministry of Labour, and be subject to inspection, monitoring and evaluation in order to demonstrate the extent of its fitness for training which shall be determined by instructions issued by the Minister.

(2) A fee of 1 million Iraqi Dinars shall be levied on the training centre which applies for a license to open a training centre, and this sum shall be recorded as revenue to the Department of Vocational Training. The training centre shall also bear the costs of the inspection and evaluation committees. Labour Associations and Civil Society Organizations (CSOs) that provide training services for free shall be excluded from the provisions of this clause.

4. Job seekers may attend training programs free of charge.

5. The professions that are subject to training, duration of training for each profession and theoretical and practical programs to be taught as well as the application of training quality standards, testing system, certificate granted and information that must be included in the certificate shall be determined by instructions rendered by the Minister.

Article 27

1. The connection of the trainee with the training programs shall be governed by a written contract comprising the objectives, stages and duration of training. The rights and obligations of both the trainee and the entity providing the training, this includes training in the workplace by virtue of instructions rendered by the Minister.

2. The Department of Vocational Training shall be responsible for the payment of contributions prescribed in workers' pension and social security law during the training period and on a minimum wage basis. In the event of injury to or death of the trainee during the training or as a result thereof, the provisions of workers' pension and social security law shall apply.

3. Vocational training centre must abide by the occupational health and safety requirements and shall submit the trainee to a medical examination before the commencement of training.

Article 28

1. The trainee may withdraw from the training program by his own will.

2. The training centre may terminate the training contract at any time due to non-compliance of the trainee with the training adequately, lack of discipline or lack of significant progress in accordance with the periodic evaluation reports.

3. Neither party may claim compensation from the other party in the cases

provided for in Clauses 1 and 2 hereof, unless otherwise provided for in the contract.

Article 29

1. The person who violates the provisions of Clause 3 of Article 27 of this Law shall be punished with the withdrawal of the license and with a fine of not less than 1 million Iraqi Dinars and not more than 2 million Iraqi Dinars.

2. The Minister may, after the removal of the violation by the training centre, approve to open the centre based on a request made by the centre, which shall also bear the costs of the inspection and evaluation committees.

CHAPTER 5 WORK ARRANGEMENTS OF FOREIGNERS

Article 30

Administrations and employers shall be prohibited from employing any foreign worker in any capacity unless he has a work permit issued by the Ministry for a fee determined by instructions rendered by the Minister.

Article 31

The foreign worker shall be prohibited from joining any work before obtaining a work permit.

Article 32

1. The employer shall give the foreign worker recruited by him to Iraq, at

his own expense, a ticket to the country from where he was recruited, unless the worker stops working before the expiration of the contract for an illegitimate reason.

2. Upon the death of the foreign worker, the employer shall bear the costs of preparing and repatriating the corpse of the deceased to his home country or place of residence if his heirs request so.

Article 33

The Minister may issue instructions for recruitment and employment of foreign workers in Iraq.

Article 34

The foreign worker who is legally residing in Iraq for work purposes, shall not be deemed in an illegal or irregular situation merely because he lost his job, and the loss of a job would not lead to the withdrawal of the residence or work permit, unless the worker has violated Iraqi laws.

Article 35

The Ministry, labour associations and employers, shall be respectively entitled to make contacts and exchange information on a regular basis with their counterparts in the home countries of foreign workers or the countries from which they came, and conclude bilateral agreements in order to follow the terms of employment and working conditions of such workers from both parties to ensure fair employment, equal opportunity and treatment.

Article 36

Every party or person who violates the provisions of this chapter shall be punished with a fine between three times the minimum daily wage and three times the minimum monthly wage of the worker.

CHAPTER 6 INDIVIDUAL EMPLOYMENT CONTRACT

Section 1 Concluding Individual Employment Contract

Article 37

1. The employment contract shall be made, orally or in writing, by agreement of the parties hereto being the employer and the worker. In the event of a written employment contract, the employer shall draft the employment contract in writing in triplicate signed by the employer and by the worker, with a copy to each party and the third copy shall be filed with the Department. The employment contract must include the minimum following information:

(1) Employer's name, the type of project and address.

(2) Worker's name, date of birth, qualification, occupation, place of residence and nationality.

(3) The nature, type, duration and date of commencement of work.

(4) Wage and any benefit or bonus that the worker is entitled to have under the terms of work in force and the method, date and place of the payment of the agreed wage.

(5) Working hours and the method of allocation thereof.

2. In the event that the worker does not have a vocational certificate eviden-

cing his skill in the assigned work, the employment contract may commence with a probation period to be agreed upon between the parties hereto, provided that such period shall not exceed 3 months from the date of commencement of work. The employee shall not be subjected to more than one probation period with the same employer.

3. The employer may terminate the contract during the probation period, if it appears to him that the worker is incapable of performing the work, provided that the employer shall notify the worker thereof before at least 7 days from the date of terminating the contract.

4. In the absence of a written employment contract between the worker and the employer, both parties must prove the existence of the contract and provide information on any right and claim under the contract.

Article 38

1. A closed employment contract shall be made for the execution of a specific job or provision of a specific service related to work or project ending on a specific or expected date, provided that the period of such contract shall not exceed one year.

2. Work that is of a continuous nature shall not be assigned a fixed period unless the work requires the hiring of additional workers for a defined time and a specified job.

3. The worker with a closed employment contract shall have the same rights that the worker with permanent employment contract has.

4. The employment contract term shall be an open contract if it has been renewed more than once.

Article 39

1. A part-time employment contract may be concluded which shall be subject

to the conditions of the contract that are provided for under Article 30 of this Law.

2. The working hours under a part-time employment contract may not be less than 12 hours and not more than 24 hours per week.

3. A part-time worker shall have all the rights and be subject to the obligations provided for under this Law.

4. The financial rights and annual leave entitlements for part-time workers shall be calculated proportionately in accordance with the working hours and wages.

Article 40

If the worker arrives at the workplace, being ready to undertake his work, but is prevented from performance for reasons beyond his control, then the worker shall be deemed to have performed the work and shall be entitled to receive a wage in return.

Article 41

1. The employer shall have the following rights:

(1) Regulate the activities of his enterprise.

(2) Distribute tasks and responsibilities to workers.

(3) Take necessary decisions related to work.

(4) Supervise the progress of work and the performance by workers on the tasks assigned to them in accordance with the employment contract.

2. The employer shall comply with the following:

(1) Respect and apply the provisions of the employment contract, collective agreements and the provisions of this Law.

(2) Provide the worker with the means to execute his work.

(3) Pay the wages of his workers in accordance with the provisions of this Law.

(4) Provide healthy working conditions at the workplace and have in place

the necessary precautions for the protection of the worker during work.

(5) Provide opportunities and means for the worker to develop technical knowledge and skills.

(6) Provide the worker, upon commencement of his work, with a receipt regarding the documents that have been submitted to the employer, and return the same to the worker upon the expiry of the employment contract or upon the request of the worker, unless such return would be detrimental to the employer.

(7) Give the worker a certificate upon the expiry of the employment contract stating therein the date of commencement and end of employment and the type of work performed. The worker may request the employer to add any information to such certificate and the employer shall respond to the request given that the information which is requested to be added is true.

(8) Give the worker a discharge receipt upon the expiry of the employment contract, provided that the worker had fulfilled all his obligations towards the employer. In the event of abstaining, the worker may resort to the labour courts to oblige the employer with providing the requested document.

(9) Illustrate the work hazards and make the worker aware thereof before contracting.

(10) Provide an appropriate mechanism to deal with the workers' complaints and grievances, facilitate access and use of this mechanism, deal with complaints immediately and constructively without exposing the workers who file complaints to any penalty.

(11) Organize a personal file for each worker in which a copy of the decision of appointment and all documents, certificates and information related thereto shall be kept, including all changes of work, wages, bonuses, or penalties, etc. This file must be kept for a minimum of two years from the date on which the work relationship had ended.

(12) An annual report must be prepared for each worker by his immediate supervisor, comprising information on his behaviour, efficiency, productivity and specifying the level of competence. This report shall be concluded with

notes, suggestions and evaluations by the direct supervisor. This report shall be kept in the worker's file, whereby the worker shall be made aware of the contents thereof; provided that the number of workers in the project shall not be less than 15 workers.

(13) Provide the Department with a copy of an official report on the basic rights granted to workers in the project, or any other relevant information to the conditions of employment and work circumstances. According to request, provided that the employer shall provide the Department with such statement within a maximum period of one month from the date of receipt of the request.

(14) Ensure equal treatment of all workers of the same profession and provide the same working conditions, whether in terms of wages, provisions, allowances, bonuses, vocational training, or career development opportunities.

(15) Provide required goods and services for workers in remote areas at subsidized rates.

Article 42

1. The employee shall have the following rights:

(1) Receive wage for the work performed.

(2) Have daily and weekly rest periods in accordance with the provisions of the employment contract, collective agreements and the provisions of this Law.

(3) Have equal opportunity and treatment in employment and recruitment without any type of discrimination.

(4) Work environment free of harassment.

(5) Respect work relationships within the work environment.

(6) Benefit from the vocational training programs.

(7) Be informed of and consulted on matters directly affecting his work.

(8) Work in safe conditions and a healthy work environment.

(9) Negotiate to improve working terms and conditions.

(10) Strike in accordance with the stipulations of this Law.

(11) Freedom of incorporation of and affiliation with unions.

2. The employee shall comply with the following:

(1) Perform the duties entrusted to him accurately and honestly in accordance with the employment contract, provisions of this Law, instructions and decisions issued for the implementation thereof, and the regulations for working at the facilities issued by the employer, and to act prudently without contradicting the provisions of this Law.

(2) Safeguard the employer's property that has been entrusted to him, and do not retain for himself any record, document or paper that concern work.

(3) Do not divulge any secret that he becomes aware of exofficio.

(4) Abide by the occupational health and safety rules.

(5) Comply with the times of coming to work, leaving work and rests as provided for under the work regulations.

(6) Do not attend to work in a state of over drunkenness or under the influence of drugs.

(7) Do not carry weapons at the workplace unless the nature of his work requires so and legally licensed.

(8) Refrain from faking sickness in order to be absent from work.

(9) Refrain from receiving any person in the workplace without the consent of the employer.

(10) Refrain from accepting any commission or the like from any agent or contractor under contract with the employer, without the employer's knowledge and consent. Such funds are to be deposited in a special account and distributed equally to workers under the employer's supervision; such funds shall be deemed to be wage supplements.

(11) Do not undertake any work for a third party during working hours.

(12) Do not use any machine, device or equipment which he has not been commissioned for use by the employer.

(13) Do not hold meetings at the workplace without the employer's consent and the union body that is in charge of exclusive union matters.

Section 2 Termination of the Employment Contract

Article 43

1. The employment contract shall terminate in any of the following cases:

(1) Death of the worker. The employer must pay the deceased's family the equivalent of two full months wages, provided that the worker has spent at least one year in the service of the employer.

(2) The worker is sentenced for imprisonment by virtue of a conclusive court ruling for more than one year. However, if the term of imprisonment is less than one year then the worker shall be reinstated without being entitled to wages for the period of arrest or imprisonment.

(3) In the event of the employer's death if his personality is an essential aspect of the contract and the contract cannot be seen through by his heirs.

(4) In the event of the liquidation of the project under a final court order or the voluntary liquidation of the project, subject to the provision of Term (3) of this article.

(5) If the parties have mutually agreed in writing to the termination thereof.

(6) Upon the expiry of the contract, if it was a closed contract.

(7) Fulfillment of the work or provision of the service, if the contract is for a specific work or a specific service.

(8) Resignation of the worker provided that he gives at least 30 days' notice to the employer before terminating the contract. If the worker quits without notice or before the expiration of the period provided for in the contract, then the employee shall compensate the employer with a sum equivalent to the wage of the notice period or any part remaining thereof.

(9) In case of force majeure.

2. The employer shall be entitled to terminate the employment contract in any of the following cases:

(1) If the worker suffers from a disease which renders him unfit to work and has not been cured within 6 months from the date of contracting it, as evidenced by an official medical certificate.

(2) If the worker suffers from a disability equaling 75% or more of the total disability which renders him unable to work, as evidenced by an official medical certificate.

(3) If the worker has reached the retirement age, then he shall be entitled to the end-of-service indemnity in accordance with the workers' pension and social security law.

(4) If the circumstances surrounding the project require a reduction in overall size, subject to the agreement of the Minister.

(5) When the worker commits a breach of his duties under the employment contract.

(6) If the worker impersonates others or submits forged documents.

(7) If the worker is under probation and does not display the required competence.

(8) If, by a final court order, it is decided that the worker has committed gross negligence that has caused material damage to the work, workers or production.

(9) The employer can not shut down, suspend or liquidate the project unless there is an approval by the Minister.

Article 44

When one of the cases provided for under Clause 2 of Article 43 of this Law arises, the employer shall provide written notice for the contract termination for the worker; failure of which the worker shall be indemnified in lieu of such notice. The notice period shall not be less than 30 days.

Article 45

The worker whose service was terminated shall be entitled to an end-of-service indemnity of two-week wages for each year of service with the employer, save in respect of the provisions of Term (2) of Clause 1 and Terms (5), (6) and (8) of Clause 2 of Article 43 of this Law.

Article 46

1. The worker may challenge the decision to terminate his service against the "End of Service" Committee, which shall be formed by instruction issued by the Minister or before the labour courts within 30 days from the date on which he has been notified of termination of service. The worker shall be deemed to have waived his right to this challenge if he does not submit it within such period. If he chooses one of those methods, his right in the other shall be forfeited.

2. The decision issued by the "End of Service" Committee may be challenged before the labour court within 30 days from the date on which the decision is served or deemed to be served.

3. The burden of providing proof of terminating the worker's service upon a challenge by the worker requesting to terminate his service in "End of Service" Committee or the labour court shall be upon the employer.

Article 47

1. If the "End of Service" Committee or the labour court finds that the end of the service was not based on one of the grounds provided for under Article 43 of this Law, then it must decide to reinstate the worker and pay his wages in full for the termination period of the employment contract.

2. If the "End of Service" Committee or the court determines that the

worker could not return to work, the employment contract shall be terminated from the date of the decision of the Committee or the court, and the worker shall be paid an indemnity equivalent to twice the end-of-service indemnity provided for under Article 45 of this Law.

3. In projects that engage less than five workers on a regular basis, the employment contract shall be deemed to be terminated from the actual date of termination if the "End of Service" Committee or the labour court decides so, provided that the employer pays the worker the end-of-service indemnity in accordance with the indemnity provided for under Clause 2 hereof.

Article 48

1. The employment contract shall not be terminated due to any of the following cases:

(1) Membership in a workers' union or participation in its Union's activities outside working hours or during working hours subject to the written consent of the employer.

(2) Seeking to obtain the capacity to act as a representative of workers, or if the worker actually exercises such capacity or has done so in the past.

(3) Bringing a complaint or instituting an action against the employer for being aggrieved by the Law.

(4) If the worker is on one of his legal leaves.

(5) Direct or indirect discrimination in employment and profession.

(6) Temporary absence from work due to an illness or an accident, as evidenced by official documentation.

2. (1) The termination of the employment contract shall be null and void for any of the reasons provided for under Clause 1 hereof, in such case, the "End of Service" Committee or the labour court shall decide to reinstate the worker and pay his wages for the previous period.

(2) If the worker does not request to be reinstated or if the Committee or the court determines that re-instatement is impossible, impractical or inappropriate, then it shall decide to pay the worker a fair indemnity which is not less than twice the amount provided for under Clause 2 of Article 47 of this Law.

Article 49

1. The worker may terminate the employment contract by his own will without notice in the following cases:

(1) If the employer is in breach of his prescribed obligations under this Law, under the bylaws or under the individual employment contract.

(2) If the employer has committed a felony or misdemeanor against the worker or against any of his family members during or outside of working time.

(3) If there is a serious threat to the health or safety of the worker, provided that the employer is aware of the threat and does nothing to eliminate it.

2. The worker may request the "End of Service" Committee or the labour court for an indemnity as provided for under Term (2) of Clause 2 of Article 48 of this Law.

Article 50

When the project is merged, transferred to the heirs, assigned to third parties, sold, leased or invested in whole or in part, the new employer shall be liable for fulfilling the obligations of the former employer towards the worker in accordance with this Law. The former employer shall remain jointly and severally liable with the new employer for the obligations arising from the existing working relations, which were consequent upon him before and until the transfer of the project.

Article 51

1. The lawsuit claiming rights arising from work relations shall not be heard after the passage of three years from the date on which they become due. Similarly, a claim for damages resulting from a criminal act shall not be heard after the passage of five years from the date of the arising thereof.

2. The specified period for hearing the lawsuit claiming rights shall start from the date on which the right is due; however, funds paid by the employer for the discharge of a right may not be claimed after forfeiture.

Article 52

Every employer who violates the provisions of this chapter shall be punished with imprisonment for a period not less than three months and not exceeding one year, or with a fine not less than 500,000 Iraqi Dinars and not more than one million Iraqi Dinars.

CHAPTER 7

Section 1 Wages

Article 53

1. Monetary wages owed to employees shall be paid in the Iraqi currency, except as otherwise provided by the employment contract.

2. Wages may be paid by cheques or bank transfers, provided that such shall be in accordance with a collective agreement or anarbitral award, or with the written consent of the concerned worker when such an agreement or award is

absent, subject to the worker's right to revoke such permission at any time.

3. Wages shall be paid at the end of the week in case of weekly payment and at the end of the month in case of monthly payment, at the workplace or at the nearest place to it, provided that the maximum period for delay in payment of wages is 5 days.

4. Wages can not be paid in the form of promissory notes or vouchers or under any other form that replaces the Iraqi currency or as agreed upon in the work contract.

5. Wages must be equal for women and men for undertaking work of equal value.

Article 54

1. Wages shall be paid directly to the worker and may be transferred to the bank account of the worker which is agreed in writing by both parties or paid to the worker's agent.

2. Upon the death of the worker, all his entitlements shall be paid to his successor in accordance with the Law.

Article 55

The employer shall be prohibited from:

(1) Restricting the worker's freedom in any way in disposing of his wage.

(2) Forcing the worker to buy products of work or the products or commodities of shops imported by the employer.

Article 56

Every waiver of the wages prescribed for the worker under the provisions of this

Law shall be null and void and may only be attached by a peremptory court order.

Article 57

1. The worker's wage may not be deducted except for the cases acknowledged by the Law, these are, inter alia:

(1) Alimony compliant with Sharia.

(2) Amounts owed by the worker to the account of the Workers' Retirement and Social Security Department.

(3) Membership fees of the labour union, in accordance with the Union Regulatory Laws.

2. Total deductions may not exceed 20% of the worker's wage if the wage he receives is less than three times the minimum wage, and 30% of the worker's wage if his wage is more than this limit. Such percentages shall not be applied to the deduction of alimony debt.

3. Any debt owed by the worker to the employer shall not bear any interest.

Article 58

1. Upon the bankruptcy or liquidation of the project under a peremptory court order, the workers shall be treated as senior creditors and shall be entitled to the following privileges:

(1) Wages of the three months prior to the end of his service.

(2) Wages in lieu of the public holidays during the year in which service has ended as well as during the preceding year.

(3) Amounts owed to the worker for other type of leaves before the end of work.

(4) End of service indemnity owed to the workers.

2. The privileges provided for under Clause 1 hereof shall have priority over

the other senior debts, including the State's senior debts.

3. The following debts shall be paid-off before the payment of debt sowed by the employer to the worker:

(1) Debts arising from the employer's obligation to support his family for alimony owed by him according to the Law.

(2) Debts in relation to the management of the properties of the insolvent or bankrupt employer, including legal fees and administrative expenses.

4. Amounts owed to the worker or his successor in rights under this Law shall be given the highest degree of priority against all movable and immovable assets of the employer and shall be collected in whole immediately and before all other senior debts, including amounts owed to the State Treasury excluding alimony debts.

Article 59

1. The worker shall be informed of the elements that make up his wage package before contracting, particularly allowances, the calculation of overtime and other increments or deductions, including the periods, methods, places and dates of payment. The worker shall also be updated whenever changes occur in the particularities of his wage package.

2. The worker shall be provided with a detailed written statement of his wage whenever it is paid, stating the work period for which the wage is being paid, and whether or not there are any allowance, overtime and other increment or deduction.

Article 60

A final settlement for the wage shall be carried out in the day following the termination of the employment contract. If the employment contract has been terminated by the worker, then his wages must be paid within 7 days from leaving work.

Article 61

1. The employer shall be obliged to keep a record of wages and overtime hours stating details of wages to be paid, deductions and net wages due to him. Such record shall be free from any blank, deletion or addition and be subject to verification and auditing by the labour inspectors in the Ministry.

2. The employer shall only be discharged from the outstanding wages if the worker signs the wage record and his signature without any reservation shall not be deemed to be a waiver of any of his rights.

Section 2 Determination of Wages

Article 62

1. The worker's wage shall be determined by virtue of the individual employment contract, but it may not be less than the wage determined for his profession under the collective agreement which is binding to the employer. In all events, the worker's wage may not be less than the minimum wage set by law.

2. The minimum wage shall mean the minimum wage set by law or the wage set under the employer's project in accordance with the individual or collective employment contract whichever is greater.

Article 63

1. A committee shall be formed by a decision of the Minister, to propose the minimum wage periodically which shall consist of:

(1) The Director General and member of the Employment and Loans Department, as chairman.

(2) The Assistant Director General of the workers' Pension and Social Security Department.

(3) The Assistant Director General and member of the Vocational Training Department.

(4) A representative and member of the Ministry of Planning.

(5) A representative and member of the most representative association of employers.

(6) A representative and member of the most representative association of workers.

(7) Two members who have experience and speciality in various aspects of minimum wage policy, selected by the Minister.

2. The Minister shall submit the committee's proposal to the Council of Ministers.

3. Upon the determination of the minimum wage, the following should be considered:

(1) Needs of workers and their families.

(2) The general level of wages in the State.

(3) Cost of living and changes thereto.

(4) Economic factors, including: economic development requirements, level of productivity, the desire to achieve and maintain a high level of employment.

4. The worker who is encompassed by the provisions of this Law shall be entitled for an annual periodical increment in wages from its due date upon completing one full year of service with the same employer. The proportion of such an increment shall be determined in accordance with the wage indicators in the labour market and as agreed by the concerned parties for any project.

5. The minimum wage shall be adjusted from time to time to be consistent

with the cost of living and other economic conditions with a periodic review every two years.

Article 64

Every person who violates the provisions relating to wages provided for under this Law shall be punished by a fine not less than twice the minimum monthly wage set by law. If the violation in question relates to a payment of wage that is less than the legal minimum wage, then the violator shall pay, in addition to the fine imposed, compensation to the worker equivalent to twice the difference between the wage paid and the minimum wage.

Article 65

1. The employer shall display in a prominent place of the project a detailed announcement that informs the workers about the wages that apply to his project, provided that these wages are not less than the minimum wage set by law.

2. Any worker who is paid a wage that is less than that to which he is entitled, may recover the difference between the amount received and the amount for which he is entitled.

3. If the worker claims that the employer has paid him a wage that is less than the wage agreed upon in the project, the burden of proof shall be upon the employer that he has paid the worker such wage.

CHAPTER 8 WORKING HOURS

Article 66

Working hours shall mean the time determined by law during which the worker shall fulfil his obligations as per the employment contract, excluding rest and meal periods. The bylaws shall specify the time of commencement and end of work.

Article 67

1. The daily working hours shall not be more than 8 hours a day or 48 hours a week, subject to the exceptions provided for in this Law.

2. For work that is performed in double shifts or intermittently, the duration that the worker spends at the workplace may not exceed 10 hours per day while the actual working hours may not exceed 8 hours a day.

3. Daily working hours shall be reduced under hazardous, strenuous or unhealthy working conditions. Such works including maximum working hours, shall be determined by instructions issued by the Minister and upon the proposals of the National Centre for Occupational Health and Safety.

4. The following shall be excluded from the provisions of this article:

(1) Projects employing only members of the employer's family.

(2) Persons who hold positions of supervision and management.

(3) Persons employed in work that requires confidentiality.

(4) Employees who perform preparatory or supplementary works undertaken outside the prescribed working hours at the project.

(5) Security-guards.

(6) Delegates that undertake work outside of their projects.

(7) Agricultural workers.

5. The Minister shall issue instructions specifying the working hours for events that are provided for under Clause 4 hereof.

Article 68

1. Working hours must include one or more rest periods, the total of which

shall not be less than 30 minutes and not more than one hour. The employer shall determine the time of such rest periods by announcements displayed in prominent places at the workplace, provided that the uninterrupted working hours shall not exceed five hours.

2. Every employee shall be given a rest period of not less than 11 consecutive hours between every two working days which shall be calculated from the end of the actual working day to the beginning of the next working day.

3. For projects where work must be performed without interruption for technical reasons or for reasons relating to the nature of the production or the work performed, the worker shall be given one or more rest periods with a total of at least 30 minutes.

4. (1) For double-shift work, the rest period between both shifts may not be less than one hour and not more than four hours, and this can be determined in the collective employment contracts.

(2) Workers who work for more than one shift shall be entitled to a rest period of 11 consecutive hours between the end of the first shift and beginning of the second shift.

5. The worker who works as a driver may not drive for more than four consecutive hours without having a period of rest, the duration of which shall be determined by the Minister's instruction.

Article 69

1. The work shall be considered:

(1) Day-time work if it is performed between 6 a. m. and 9 p. m.

(2) Night-time work if it is performed between 9 p. m. and 6 a. m.

(3) Mixed-period work if it is performed within periods linking the day-time and night-time work schedules and vice versa, provided that in such cases, the duration of night-time work shall not exceed three hours.

2. The working hours in the following situations may not exceed:

(1) 7 hours for night-time work.

(2) 7.5 hours in mixed-period work.

(3) For works performed on a rotating day-time and night-time basis, the worker shall not be engaged in work for more than 30 consecutive days in each rotation.

Article 70

1. The worker shall be entitled to a rest period of not less than 24 consecutive hours with pay per week. Friday shall be the weekly day of rest and may be replaced with another day of the week.

2. The employer shall schedule the weekly rest periods on the same day for all workers where possible, or on a rotating basis, provided that each worker shall have a fixed date for his weekly rest period.

3. The employer may, with the agreement of the workers, ask them to work during their weekly rest periods and public holidays, provided that he shall pay them their wages in accordance with the overtime rules and grant them a rest day in the following week.

Article 71

1. The working hours provided for under Article 67 of this Law may only be exceeded in one of the following two cases:

(1) Occurrence or likelihood of occurrence of an accident, urgent repair of machines or equipment or in the event of force majeure provided that the increased time shall be needed to prevent the interruption of the normal operation of the project.

(2) If the work circumstances require the performance thereof continuously

by consecutive shifts, provided that the total weekly hours of work shall not exceed 56 hours and that this does not affect the worker's right in a rest day as a compensation for his weekly rest.

2. In exceptional cases where the provisions of Article 67 of this Law cannot be applied thereon, the agreement between the labour associations and the associations of employers to increase the daily working hours may become binding for a specific period of time provided that the average number of working hours per week does not exceed by 48 hours in respect of the number of weeks covered by this agreement.

3. The Ministry shall, after consultation with the relevant labour associations and employer associations, grant the following:

(1) Permanent exceptions permitted for preparatory and complementary work provided for under Term 2 of Clause 4 of Article 67 of this Law to be carried out outside the normal working hours of the project, or for categories of workers whose work requires an intermittent schedule.

(2) Temporary exceptions permitted to address cases of exceptional workload.

4. Such exceptions shall be granted in any of the following cases:

(1) Confronting abnormal workloads due to holidays, seasonal work or otherwise.

(2) Repairing or maintaining devices, equipment, and machinery, the breakdown of which would lead to the interruption of work in the project.

(3) Avoiding subjecting the materials or products to destruction.

(4) Conducting the annual inventory, the final accounts or prepare for the start of the sales season or the opening of a new season.

5. The Ministry shall, upon granting such exceptions, provide for the maximum limit of additional hours in each case, and the overtime wages which should be an increase of 50% from the normal wage if it is day-time work and not less than twice the wage if it is night-time, hazardous, strenuous or harmful

work. The worker shall be granted a rest day in compensation for one of the week days if he has worked during his weekly rest day.

6. Overtime work shall be subject to the following:

(1) Overtime hours in respect of industrial works which are run by rotation may not exceed one hour per day.

(2) Overtime hours in respect of preparatory and complementary work for industrial works, or in the event of facing abnormal works may not exceed four hours per day.

(3) Overtime hours in respect of non-industrial works may not exceed four hours per day.

(4) Working hours in respect of transportation over land throughout the driving time including overtime hours may not exceed 9 hours per day and 48 hours per week. Under strenuous events, the total number of driving hours shall be reduced.

(5) No worker shall be engaged in work for more than 40 hours of overtime work for a period of 90 days and 120 hours of overtime work for a period of one year. Such works and the total time applicable to the concerned drivers shall be determined by instructions issued by the Minister.

7. In accordance with the provisions of this Law, overtime shall mean any work which is undertaken during a daily or weekly rest period or overtime hours; during holidays or during official holidays as determined by law.

Article 72

1. If work is wholly or partially interrupted due to exceptional circumstances or force majeure, the employer shall be obliged to pay the workers' wages for a period of up to 30 days. The employer may then assign to the worker other similar work or additional unpaid work in order to compensate for lost time; provided that in the unpaid overtime work shall not exceed two hours per day and 30 days

per year.

2. If the interruption has been caused by the employer, he must pay wages in full throughout the interruption period, he may then assign to the worker additional work with pay within the limits provided for in Clause 1 hereof.

Article 73

The employer who violates the provisions of this chapter shall be punished with a fine of not less than 250,000 Iraqi Dinars and not more than 500,000 Iraqi Dinars. The number of fines shall be equivalent to the number of workers who have been subject to the violation.

CHAPTER 9 LEAVES, HOLIDAYS AND PUBLIC HOLIDAYS

Article 74

1. (1) Workers shall have time off during official holidays and public holidays which are determined by law and they shall receive full wages.

(2) The worker shall have at least one fully-paid day of rest per week.

2. The worker may be requested to work during holidays or public holidays other than the weekly rest period for one of the reasons which is provided for under Clause 3 of Article 71 of this Law, with a double wage in addition to his wage.

3. Holidays and public holidays falling within the leave period taken by the worker shall not be counted as part of his annual leave.

4. The worker with a closed contract or the trainee shall be entitled to enjoy a fully-paid annual leave before the expiry date of contract.

Article 75

1. The worker shall be entitled, after one year of service, for a fully-paid leave of at least 21 days for each year of service.

2. The worker who is engaged in hazardous, strenuous or harmful works, shall be entitled to a fully-paid leave of at least 30 days for each year of service.

3. The annual leave which the worker is entitled to enjoy while in the service of the same employer shall be increased as follows:

(1) Two days for the first five years.

(2) Another two days for the second five years.

(3) Three days for every subsequent five-year period during his service.

4. The worker shall be entitled for a leave in respect of any part of the year at pro rata.

5. Absence of the worker for reasons beyond his control, such as illness, injury, accident or maternity shall be counted as days of work within the term of his service, and he shall be entitled for an annual leave therefor.

6. Days of annual leave shall be calculated as actual working days for the purposes of this Law.

Article 76

1. The worker who is granted the leave provided for in Article 75 of this Law shall be entitled to a wage for the entire duration of his leave which is not less than the average of wages he has been paid during the last six months of his service.

2. Transportation, food and risk allowances shall be excluded from the provision of Clause 1 hereof.

3. Amounts provided for under Clauses 1 and 2 of Article 75 of this Law

shall be paid to the worker before he takes the leave.

4. Upon the end of his employment contract, the worker shall be entitled to cash compensation for the days of his annual leave that have not been taken. Such compensation shall be based upon the last wage paid to the worker.

Article 77

1. The worker may take his annual leave all at once or at several periods.

2. The annual leave may be divided if the work or the worker's interest requires so, to a period of not less than 14 consecutive days each, and the remaining days shall be taken as agreed between the worker and his employer within a period not exceeding the following working year.

Article 78

1. Work bylaws shall determine the time in which workers have annual leaves; otherwise, the worker shall be entitled to annual leave in the time agreed upon between the worker and the employer subject to Clause 2 of Article 77.

2. The employer shall enable the worker to take his annual leave which is provided for under this Law.

3. Upon the expiry of the employment contract, which the worker has not taken the annual leave during such working year, the employer shall compensate the worker with full wages for the period of the untaken leave as well as wages for the work performed in the said period.

Article 79

1. The worker may not undertake any paid work during his annual leave.

2. Any agreement under which the worker waives the right to take the mini-

mum amount of paid annual leave, assigns such right in return for compensation or for any other reason shall be null and void.

Article 80

1. The worker shall be entitled to 30 days of fully-paid sick leave, which is paid by the employer for each working year.

2. The worker's sick leave entitlements, under Clause 1 hereof, may be accumulated up to 180 days.

3. If the insured worker has exhausted all the days of his paid sick leave and remains sick, he shall be subject to the provisions of the workers' pension and social security law.

4. The employer shall have recourse against the workers' Pension and Social Security Department for the wages paid by himself to the insured worker during the latter's sick leave with an amount exceeding 30 days per annum in accordance with Clauses 1 and 2 hereof.

Article 81

1. The sick leave shall be granted based on a medical report issued by an approved health authority by the employer or an official health authority.

2. The period of used sick leave shall be counted as days of actual service for the purpose of this Law and other laws.

Article 82

1. The worker shall be entitled for a fully-paid leave for personal reasons in any of the following cases:

(1) Wedding of the worker: 5 days.

(2) Wedding of the worker's son or daughter: 1 day.

(3) Death of a husband or wife, father or mother, son or daughter, brother or sister, father-in-law or mother-in-law: 5 days.

2. The female insured worker whose husband has died may take a fully-paid leave of 130 days for the mourning period in accordance with the law.

3. The worker shall be given unpaid pilgrimage (Hajj) leave once during his service and upon his request.

4. The worker shall be entitled to a fully-paid leave to carry out official or public duties, to exercise the right to vote, to appear at court as a witness or an expert, and in the other cases which are provided for under this Law or the collective employment contract.

5. The worker shall be entitled to a fully-paid leave for union duties as provided for in the applicable collective agreement.

6. The employer may, when necessary, grant the worker unpaid leave upon request.

Article 83

Every person who violates the provisions regarding working hours and leaves provided for under this Law shall be punished with a fine of not less than 50,000 Iraqi Dinars and not more than 100,000 Iraqi Dinars. The number of fine shall be equal to the number of workers that are subject to the violation.

CHAPTER 10 PROTECTION OF THE FEMALE WORKERS

Article 84

The employer who employs one or more female workers must display a copy of the provisions for the protection of the female workers on the notice board at the workplace.

Article 85

1. It is prohibited to force a pregnant or nursing worker to perform additional work or any work that the competent health authorities deem harmful to the health of the mother or the child, or if a medical examination proves the existence of a significant risk to the health of the mother or the child.

2. It is prohibited to employ female workers in strenuous or harmful works as specified in the instructions issued under Clause 3 of Article 67 of this Law.

Article 86

1. The female worker must not be engaged in night work unless such work is necessary. For example, there is a force majeure, for preservation of raw materials or perishable products, or there is a force majeure that has caused unexpected interruption at the project.

2. The female worker shall be given a daily rest period of not less than 11 consecutive hours, which, necessarily include at least 7 hours that fall during the night shift period between 9 p. m. and 6 a. m.

3. The provision of Clause 1 hereof shall not apply to the following categories:

(1) Female workers in administrative or commercial services.

(2) Female workers in health or recreational services.

(3) Female workers in transport and communication services.

Article 87

1. A female worker shall be entitled to a fully-paid maternity leave for a pe-

riod of not less than 14 weeks a year.

2. Any pregnant worker may take 8 weeks leave before the expected date of delivery, based on a medical certificate issued by the competent authority.

3. The pregnant worker shall continue to be obligingly on leave for the remaining days of leave after she has delivered, provided that the period of leave after delivery is not less than 6 weeks.

4. The pre-delivery leave shall be extended to cover the difference in days between the expected date of delivery and the actual date of delivery, without reducing the period of mandatory leave after delivery.

5. The competent medical authority may decide to extend the period of leave provided for under Clause 1 hereof to 9 months in the case of a difficult delivery, multiple births, or in the case of complications prior to or after delivery. The period added to the leave specified in Clause 2 hereof shall be deemed a secured leave subject to the workers' pension and social security law.

6. The working mother shall be guaranteed to return to the same position or to be employed in a similar position with the same wage at the end of her maternity leave.

Article 88

The working mother who is on maternity leave may not be employed for a wage by another employer.

Article 89

The working mother may, with the consent of the employer, take an unpaid maternity leave to take care of her child for a period not exceeding one year, during which she provides care for her child if he/she has not yet reached one year of age. The work contract shall be deemed to be suspended during such period.

Article 90

The female worker may not use her maternity leave for purposes other than providing care for her child. If it is proven that the female worker that has taken maternity leave is undertaking paid work for another employer, the leave shall be canceled and the employer shall be entitled to request her to return to work on a date once her misbehaviour was known.

Article 91

1. The nursing worker shall be allowed two nursing periods during the working day of not more than one hour for each, and the nursing period shall be counted to be within the working hours.

2. The female or male worker who has one or more children, less than 6 years old, shall be exempt from work for not more than 3 days, as the case may be, if the child is sick and needs care. It follows from such exemption that the workers shall not be entitled to wages during the entire period of absence from work.

Article 92

1. The employer who employs female workers shall provide rest areas as per the work requirements.

2. For projects in which female workers are employed, the employer shall be committed to establishing nurseries, alone or in association with another employer, in a project or projects, by virtue of instructions issued by the Minister.

Article 93

The provisions of this chapter shall not apply to female workers working in family business, in which only family members work and which is under the direction and supervision of spouse, father, mother or brother.

Article 94

Every employer who violates the provisions of this chapter shall be punished with a fine of not less than 100,000 Iraqi Dinars and not more than 500,000 Iraqi Dinars.

CHAPTER 11 PROTECTION OF JUVENILES

Article 95

1. It is prohibited to employ juveniles or grant them access to work places whereby the nature of work or working conditions may harm their health, safety or ethics.

2. The Ministry may, in consultation with the relevant labour associations or employers' associations, undertake periodic reviews, or whenever the need arises in relation to the list of jobs that are subject to Clause 1 hereof, including, but not limited to the following:

(1) Working in underground, underwater, dangerous heights or restricted areas.

(2) Working with dangerous equipments, machines and tools or those that require manual intervention or the lifting of heavy loads.

(3) Working in an unhealthy environment in which juveniles are exposed to

hazards, extreme temperatures, noise or vibrations harmful to their health.

(4) Working in difficult conditions for either long hours or in some night-time work conditions.

3. It is prohibited to employ juveniles in night-time or mixed-period work.

Article 96

1. Juveniles may only be employed in the work permitted to them after they have undergone a comprehensive medical examination by a medical committee, to confirm physical fitness and the capability to work they are required to be employed in.

2. The physical fitness certificate shall be issued for a juvenile in accordance with the following:

(1) Specific employment conditions.

(2) A specific work or a specific group of works that have similar health risks classified as one category by the competent authority.

Article 97

1. Fitness of juveniles to perform work shall be subject to health control until they reach 18 years of age.

2. Juveniles shall undergo repeated medical examinations for at least every year upon the continuance of their employment.

3. Medical examinations for fitness must be repeated until the worker reaches at least 21 years of age, in respect of work that the competent authority decides that they pose a high health hazards.

4. The juvenile or his parents may not bear any cost for the medical examinations which are provided for under Clauses 2 and 3 hereof.

5. For the purposes of this chapter, the competent authority shall mean the

Ministry in charge of labour or the Ministry in charge of health or both.

Article 98

1. The duration of work for juveniles under the age of 16 may not exceed 7 hours per day.

2. The daily working hours must include one or more rest periods for an hour at least, provided that the consecutive working hours do not exceed four hours.

Article 99

The juvenile who may be employed, shall be entitled to an annual paid leave of 30 days each year.

Article 100

1. The employer who employs juveniles that are permitted to work bylaw, shall display a copy of the provisions for the safety of juveniles in a prominent place in the notice board at the workplace.

2. The employer shall organize a record for juveniles comprising their names, ages and the tasks assigned to them.

Article 101

The employer shall keep on file the medical certificate proving fitness of the juvenile for work as provided for in Article 96 of this Law, and shall submit this file to the labour inspectors for them to view, or provide the labour inspector with the record number under which such certificate is kept.

Article 102

Should a work relationship exist between an employer and a juvenile not permitted to work under the provisions of this Law, the employer shall pay the agreed wage and compensate the juvenile in the event of injury during or as a result of work, regardless to whom the fault is attributed.

Article 103

The provisions of this Law shall not apply to juveniles over the age of 15 and who work in a family business under the direction and supervision of a spouse, father, mother or brother producing goods for local consumption and not employing paid workers.

Article 104

Jobs that are considered harmful to the juveniles' health, safety and ethics, and hazardous work, extreme temperatures, noise or vibrations shall be determined by instructions issued by the Minister.

Article 105

The employer who violates the provisions of this chapter shall be punished with a fine of not less than 100,000 Iraqi Dinars and not more than 500,000 Iraqi Dinars.

CHAPTER 12 PROTECTION OF WORKERS IN QUARRIES, MINES AND MINERALS

Article 106

1. The provisions of this chapter shall apply to work in the quarries of construction materials, mines and minerals in particular the following:

(1) Exploration, excavation and mining of minerals and stones, including jewellery and the processes of extraction or manufacturing thereof.

(2) Extraction, concentration or manufacturing of mineral deposits, whether above or underground.

(3) Everything entailed in the activities provided for under Terms (1) and (2) hereof, including building and construction of plants and the installation of equipment.

2. The worker may not be engaged in the industries, professions and activities provided for under Clause 1 hereof, unless the worker undergoes professional medical examinations which prove the worker's physical fitness for the work which shall be assigned to him.

3. Before the termination of the worker's employment contract for any reason whatsoever, the professional medical examinations must be repeated to ensure that the worker does not have any occupational disease.

4. The workers who are encompassed by the provisions of this chapter shall undergo the examination during working hours without bearing the examination's expenses.

5. The cases provided for under Clauses 2 and 3 hereof shall be subject to labour inspection control.

Article 107

The employer shall display in a prominent place at the workplace the following:

1. Workplace bylaws showing working hours and rest periods, a copy of which shall be provided for labour inspection.

2. Instructions relating to occupational health and safety in the project.

Article 108

1. (1) Access to workplaces and annexes thereof shall be prohibited for everyone other than the workers and employees who are assigned to work at the mine or quarry or those who are assigned to monitor, inspect and guard the same and representatives of labour unions.

(2) Workers may not access the places specified in Term (2) hereof during non-working hours, unless they hold a permit for such access.

2. The employer shall keep a record with the names of persons who access the workplace to perform work, and they should mark this record upon their exit.

Article 109

1. Daily working hours for jobs, professions and industries provided for under Clause 1 of Article 106 of this Law shall be 7 hours, and in all events, it shall not be permitted to keep the worker at the workplace for more than 8 hours a day.

2. Except for the provision of Clause 1 hereof, the worker may temporarily, or out of necessity, continue to work in order to prevent an accident from happening or to avoid dangerous consequences arising from such an accident, or to

repair the damage arising from such an accident in accordance with the following:

(1) Inform the labour inspection and the union body of the urgent or potential accident within 24 hours from the commencement of work.

(2) The working period in access of what is provided for under Clause 1 hereof, shall be deemed to be as overtime work to be compensated for pursuant to the provisions of this Law.

Article 110

The employer must:

1. Place occupational health and safety instructions in accordance with the instructions and statements issued by the Ministry.

2. Take the following measures:

(1) Issue directives and orders relating to occupational health and safety whenever needed.

(2) Prohibit the presence of workers at the site of explosions unless all dangers have passed.

(3) Provide the workers with Personal Protective Equipment (PPE) appropriate for the hazards of each job.

(4) Place warning/information signs on potentially hazardous locations.

(5) Provide the supplies for rescue and first aid in emergencies.

(6) Inspect workplaces periodically to ensure the proper application of the measures provided for herein.

Article 111

Allowances in relation to transportation, meals and accommodation that are borne by the workers who live in distant and remote areas shall be determined by instructions issued by the Minister.

Article 112

Every person who violates the provisions related to the protection of workers performing work in quarries, mines and minerals provided for in this chapter shall be punished by imprisonment for a period of not less than 10 days and not more than 3 months or with a fine of not less than 100,000 Iraqi Dinars and not more than 500,000 Iraqi Dinars.

CHAPTER 13 OCCUPATIONAL HEALTH, SAFETY AND LABOUR INSPECTION

Section 1 Occupational Health and Safety

Article 113

The National Centre for Occupational Health and Safety shall manage planning and monitoring the implementation of occupational health and safety matters to ensure the dissemination of a culture of safety and protection for workers at different workplaces, from occupational diseases to work-related injuries.

Article 114

1. Cooperation between the employer or management and workers or their representatives in the project shall be deemed a key element in the measures taken to improve occupational health and safety conditions at the project level and the workplace.

2. To realize the provision of Clause 1 hereof, the following should be observed:

(1) Provide a suitable, healthy, simple, respectful and safe working environment.

(2) Train the workers on how to avoid occupational hazards.

(3) Disseminate occupational health and safety culture among workers and to display occupational hazard controls in a prominent location at the workplace.

(4) Provide first aid kits in the workplace.

(5) Ensure primary and periodic medical examinations for all workers in relation to occupational health, safety and work environment, with inclusion of all accidents, work-related injuries and occupational diseases occurring at or related to work.

(6) Report accidents, work-related injuries and occupational diseases to the health authority concerned upon occurrence and notify the centre thereof. Such notice should include information on the project, the employer, the injured person, nature of the injury or occupational disease, the workplace and circumstances of the accident. In the case of occupational disease, provide evidence in regards to the exposure to health risks using a standard form circulated by the National Centre for Occupational Health and Safety. An annual report shall be provided for the Centre on accidents and injuries at workplaces that employ more than 50 workers.

(7) Take all necessary measures to ensure the protection of the health and safety of workers from all occupational hazards effectively and conduct annual periodic inspection on steam boilers, compressors, electrical lifts, cranes and their components by competent entities authorized by the National Centre for Occupational Health and Safety.

(8) Provide the appropriate personal protection equipment for workers at no cost.

(9) Ensure the safety of harmful machinery and equipment (boilers, lifts and cranes, etc.) through reports evidencing their operational safety, such reports are issued by entities formally authorized by the National Centre for Occupa-

tional Health and Safety which shall be organized by instructions issued by the Minister.

(10) The Centre may grant licenses for occupational health and safety for the project after satisfying all the safety requirements and examining the workers for fees determined by instructions issued by the Minister.

(11) Oversee the regulation of dealing with the emergency plan.

Article 115

1. The Ministry shall be responsible through the National Centre for Occupational Health and Safety for the preparation, development and review of a national policy at regular intervals in consultation with employers, workers or their most representative associations.

2. Activities of the national entity responsible for occupational health and safety shall include the objectives provided for under Clause 1 hereof in accordance with the following:

(1) Determine and evaluate occupational hazards arising at the workplace regarding occupational health and safety, measure pollution levels in the work environment and take samples from the workplace that relate to occupational health and safety, provided that the employer or his representative shall be notified.

(2) Monitor the factors that affect the health and safety of workers in the work environment and the exercise thereof, including health facilities, kiosks and accommodation provided by the employer.

(3) Provide advice on the planning and organization of work, including workplace design, and selection and maintenance of other equipments and materials used at work.

(4) Participate in the development of work practice improvement programs, check and evaluate the health-related aspects of new equipment.

(5) Provide advice on occupational health and safety, the work environment and personal protection equipment.

(6) Monitor the health of workers, work-related injuries and occupational diseases.

(7) Adaptation of the worker to the work.

(8) Contribute to the measures taken for vocational qualification.

(9) Cooperate with the relevant authorities in providing information, education and training in occupational health and safety and the study of workers' relationship with the environment.

(10) Organize the management of emergencies and first aid situations.

(11) Participate in the analysis of accidents, work-related injuries and occupational diseases, and be aware of their causes.

Article 116

The employer shall be responsible for providing the minimum requirements of occupational health and safety in all projects in which workers are working and to all machines at such projects as per the instructions issued by the Minister upon consultation between the most representative associations of workers and employers.

Article 117

1. The employer shall inform the worker in writing before commencement of work with the occupational hazards and means of prevention to be taken.

2. The employer shall display the controls of occupational hazards in a prominent location at the workplace clarifying the hazards and means of prevention therefrom.

Article 118

1. The employer shall carry out the following:

(1) Take the necessary measures to provide protection for the workers during work against occupational hazards, work hazards and machinery that are harmful to their health.

(2) Provide precautions for occupational hazards, provided that there is no deduction from the wages of the workers in return for the provision thereof.

(3) Provide first aid kits, in specific and known places, that are suitable for the type of work.

2. The National Centre for Occupational Health and Safety shall prepare instructions to be issued by the Minister specifying the means of preventative devices, conditions and method of use.

Article 119

The workers shall comply with the following:

(1) Follow orders and instructions related to prevention and occupational safety procedures and use appropriate preventive means.

(2) Do not introduce any psychotropic substance to the workplace or arrive at the workplace under influence of such substances.

(3) Abide by the instructions for occupational health and safety at the workplace.

(4) Abide by the periodic medical examination dates as decided by the project physician or the competent medical authority.

(5) Wear personal protective equipment.

(6) Stay away from the workplace if there is a significant risk.

(7) Cooperate with the employer to enable him to fulfill his obligations.

Article 120

1. The employer must ensure the occupational safety and health of workers in aspects related to his work.

2. Failure of workers to comply with legal standards for occupational safety shall not constitute a reason to exempt the employer from the obligations specified in this respect.

3. The worker shall not bear the costs of providing a healthy and safe work environment, including medical care, prescription drugs, periodic and laboratory examinations, X-ray and other examinations.

Article 121

1. The employer shall provide medical aids at the workplace for the workers, and accordingly if the number of workers were more than 50, the employer shall hire a nurse to provide first aid matters. The employer shall also contract with a physician to treat his workers at a designated clinic in the workplace for this purpose and to provide them with medicines and treatments needed while working, free of charge.

2. The physician provided for in Clause 1 hereof shall have daily working hours not less than two hours if the number of workers exceeds 100.

3. If the number of workers exceeds 500, the employer shall appoint a resident physician at the project and establish a clinic in which there are all means of care, first aid and treatment. Such physician shall determine the cases that need sick leave, examination by specialists or surgeries, based on the provisions of Article 80 of this Law regarding the sick leave.

4. The employers may establish public clinics in a number of projects within the region or municipality to provide the services provided for in clause hereof.

Article 122

1. The employer shall provide precautions and execute the instructions provided for in Articles 118 and 121 of this Law.

2. In their report of the inspection visit of the project, the labour inspectors shall make remarks regarding the level of the work requirements and the extent of compliance of the employer with the occupational health and safety instructions.

3. The Ministry may decide to close the workplace or shut off machine if the employer refrains from implementing the occupational health and safety instructions, prevents the competent inspection committee from accessing the workplace or hinders their work, until the reasons for closure or shutting-off have been eliminated after warning the employer to remove the violation. Workers who stopped working because of this shall be entitled to full wages for the duration of the closure or suspension, and the competent inspection committee shall prepare a written report about the violation.

Article 123

The workers' representatives in the project shall cooperate with the employer in occupational health and safety, and provide such representatives with adequate information about the procedures taken by the employer to ensure occupational health and safety. The workers may consult with their associations about such information provided that they shall not disclose trade secrets.

Article 124

1. The provisions for work injuries provided for under the workers' pension and social security law shall apply to uninsured workers.

2. (1) The workers' Social Security Department shall execute the provisions of Clause 1 hereof.

(2) The employer shall pay the workers' Social Security department compensation for obligations towards the uninsured worker as follows: ①50% of the daily or monthly wage for a period of one year, if the injury caused partial disability. ②100% of the daily or monthly wage for a period of one year, if the injury caused total disability or death.

Article 125

Every person who violates the provisions relating to work precautions provided for in this section shall be punished with a fine of not less than 500,000 Iraqi Dinars and not more than one million Iraqi Dinars, or with imprisonment for a period of not less than one month and not more than six months.

Section 2 Work Inspection

Article 126

Projects and workplaces covered by the provisions of this Law shall be subject to labour inspection under the supervision and direction of the Ministry.

Article 127

1. The Labour Inspection Division shall have the following functions:

(1) Ensure the enforcement of the provisions of this Law, the instructions issued thereunder relating to working conditions and the protection of workers and their rights during work.

(2) Provide technical information and guidelines for workers and employers

about the means to implement legal provisions and international conventions.

(3) Inform the Ministry about violations and offences relating to work that are not provided for under this Law.

(4) Provide an appropriate mechanism for the receipt of workers' complaints in respect of any violation of their rights provided for in this Law, and inform them in detail on how to use such mechanism. The Labour Inspection Division shall make a guidance list on how to provide such complaints and the information and method of delivery for the Inspection Division at the Department.

2. The functions assigned to the labour inspectors shall not conflict with their basic functions or affect in any way the impartiality in their relationship with workers or employers.

Article 128

1. The work inspection committee shall be formed and shall be presided by a labour inspector in the Ministry, a most typical representative from association of employers and a representative of labour association. Such committee shall be accompanied by a representative of the National Centre for Occupational Health and Safety in projects that requires so.

2. The labour inspector shall only be appointed if he holds at least a university degree and has passed a training course organized by the Ministry for this purpose.

3. The labour inspector, labour representative and the most representative association of employers shall take the following legal oath prior to exercising their functions before the Minister or his authorized representative:

(1) I swear by God Almighty to fulfill my duty with honesty and impartiality and not to divulge any professional secret, which I become aware of exofficio, even after leaving office.

(2) The inspection committee shall seek the assistance of experts and spe-

cialists of scientific qualifications.

Article 129

1. The inspection committee shall have the following functions:

(1) Free access to the workplace to conduct inspection, without prior notice at any time during day or night.

(2) Conduct any examination or inquiry the committee deems necessary to make sure that there is no violation of the provisions of this Law, in particular the following: ①Interrogate the employer or the project workers, individually or with witnesses about any matter concerning the application of the provisions of this Law. ②Review any letters, records or other documents which must be kept pursuant to the provisions of the laws and instructions related to work to ensure the extent of their consistency with the provisions of this Law where copies or samples of such documents may be taken. ③Ensure the implementation of directives and recommendations determined under the provisions of this Law.

(3) Take samples from the workplace relating to occupational health and safety for analysis, provided that the employer or his representative is notified.

(4) Request from the employer in writing for urgent implementation of the following: ①Make changes during a specific period of time, in the fixtures and machinery which are necessary to be consistent with the legal provisions relating to the safety and health of workers. ②Take the urgent measures when there is imminent danger to the safety and health of workers.

2. Take emergency measures in very dangerous situations, which must be dealt with immediately, including the suspension of work in whole or in part or the evacuation of the workplace.

3. Prepare a detailed report after each inspection visit, comprising a summary of the violations and recommendations to take the legal measures against the violating employers.

4. The inspection committee must notify the employer or his representative of the presence of such committee in the project during the inspection visit, unless the committee considers that such notice might affect the performance of their functions.

Article 130

1. The internal security forces shall respond to the request made by the labour inspection committee for assisting them when they perform their functions.

2. Representatives of the inspection committee shall be provided with cards signed by the Minister establishing their identity and capacity, and the representative must carry such card on duty and present it to the stakeholders when required.

Article 131

The labour inspection committee shall be prohibited from the following:

(1) Achieve any interest directly or indirectly in projects falling under their control.

(2) Divulge secrets that may have become aware of during performing their duties, even after leaving work. They shall be held legally accountable upon the divulgence thereof.

Article 132

The labour inspection committee must deal in strict confidentiality with the source of any complaint submitted to the committee on any violation of the Law, and must not declare to the employer or his representative that the inspection visit is a result of such complaint.

Article 133

1. The department, the most representative association of employers and workers shall each prepare a report every 90 days to be submitted to the Ministry.

2. The department shall issue an annual report containing the following:

(1) Regulations and instructions relating to the activities of the inspection-division.

(2) Employees in the inspection department.

(3) Statistics on the work of the inspection committee containing the following: ①Workplaces subject to inspection and the number of workers working therein. ②Inspection visits. ③Violations and imposed fines. ④Industrial accidents. ⑤Occupational diseases and work injuries. ⑥Projects suspended in whole or in part.

(4) Data about the prevalent wage rates.

(5) Proposals to improve inspection operations.

Article 134

1. The Minister may give a warning to the violating employer before being referred to the competent court.

2. The Minister shall be entitled, based on the report of the inspection committee, to decide to refer the violating employer to the competent labour court in accordance with the provisions of this chapter, and file a criminal case against the violating employer upon the recommendation of the inspection committee based on the report of the inspection visit.

3. The report of the inspection committee and the certificate of the inspector shall be admissible as evidence in court when rendering its decision, unless proven otherwise.

Article 135

Every person who prevents the inspection committee from accessing the workplace or hinders the work and duties of such committee as provided for under this Law, shall be punished with imprisonment for a period of not less than one month or with a fine of not less than 100,000 Iraqi Dinars and not more than 500,000 Iraqi Dinars.

CHAPTER 14 LABOUR DISCIPLINARY RULES

Article 136

1. The employer covered by the provisions of this Law who regularly employ ten or more workers shall draw up internal rules for the following:

(1) The time of opening of the project, working hours, commencement of work, daily and weekly rest periods.

(2) Amount of wage and amount of overtime wage.

(3) Occupational health and safety measures.

(4) Workers' obligations and disciplinary rules.

(5) Annual leaves and special leave.

(6) Names and work addresses of the work supervisors.

2. The Ministry shall issue model bylaws to guide employers and the department may help the employer to prepare such bylaws if the employer requests so.

3. The employer shall prepare bylaws after consultation with the workers' representatives in the project, if any, within three months following the opening of the project, or within three months from the execution of the provisions of this Law if the project has already existed.

4. The employer shall present the bylaws before the start of its implementa-

tion to the department or the legal department for approval or upon amendment thereof provided that the employer shall be notified of its approval in its final or amended version within 30 days from submission to the employer, otherwise such bylaws shall be deemed to be approved upon the expiry of such period.

5. The employer shall display the bylaws in a prominent location at the workplace after approval and keep such bylaws in good and legible condition.

6. Any provision in the bylaws that vitiates the workers' rights provided for under this Law or in the collective agreement shall be null and void.

Article 137

1. The worker shall be liable towards the employer for the damages caused by him as a result of breach of duties or anything directly or indirectly related thereto.

2. The employer shall prove that the worker is at fault and determine the compensation that the worker must pay by virtue of a court order, unless both parties agree to settle the matter amicably.

3. Breach of duties provided for in Clause 1 hereof shall mean damages caused intentionally, by gross negligence or as a result of a serious fault.

Article 138

1. The employer may not impose any disciplinary penalty against the worker for any violation committed by the latter after 15 days from the employer or one of his representatives becoming so aware.

2. If the worker commits a violation of the instructions or breaches his obligations under the employment contract, he shall be subject to one of the following penalties:

(1) A warning, by giving written notice sent to the worker stating the vio-

lation committed by the worker and warning him not to violate his duties in the future.

(2) Suspension from work for a period of not more than three days.

(3) Withholding the annual increment from the worker for the year during which the violation is committed, entailing the disciplinary action for a period not more than 180 days.

(4) A lowering of the worker's grade followed by a decrease of wage in line with the new grade after the decrease.

(5) Dismissal.

3. The disciplinary penalty must correspond to the significance of the violation committed by the worker.

4. The employer may not impose more than one penalty on the worker for the same violation.

Article 139

Fines may not be imposed on the worker, unless the provisions of the collective agreement provides otherwise.

Article 140

The disciplinary penalty shall be imposed on the worker only after being given an opportunity to defend himself with the presence of a representative of workers; in the event that the penalty is a fine, the amount of which shall be vested in the workers' Security and Retirement Fund.

Article 141

The dismissal penalty may only be imposed in any of the following cases:

1. If the worker has committed a significant violation resulting in serious material damage to the employer.

2. If the worker divulges one of the secrets of work, which results in the employer sustaining serious damage by established evidence.

3. If the worker violates the instructions for work safety and health, in which case the employer shall send a written warning to the worker terminating the employment contract without notice in the event of recurrence.

4. According to a report issued by a competent physician, if the worker were found in a state of manifested drunkenness or under the influence of a drug more than once during the working hours, and the worker was warned in that respect more than once.

5. If the worker has committed an act which does not conform to the work ethics, provided that the worker has been previously notified thereof.

6. If the worker physically attacks the employer or one of his managers or colleagues at the workplace during or outside working hours.

7. If the worker is absent from work without excuse for 10 consecutive days, or 30 intermittent days during the working year.

8. If the worker commits a felony or misdemeanour during work against one of his colleagues and has been convicted therefor by a peremptory court sentence.

9. If the worker is sentenced by imprisonment for more than one year by a peremptory court sentence.

Article 142

If the employer gives a written warning to the worker after 5 consecutive days, or 20 intermittent days of absence without excuse, the employer may dismiss the worker after 5 additional days of consecutive absence or 10 additional days of intermittent absence.

Article 143

1. The employment contract of any worker may not be terminated due to a fault committed by the worker unless the provisions of this Law provide otherwise, except if such fault is repeated once or several times, and the employer has given the worker prior written notice in this regard, with due consideration to the stipulation of Clause 2 of Article 43 of this Law.

2. The employment contract of any worker may not be terminated as a result of unsatisfactory performance of work, unless the employer has given the worker the necessary instructions and a written warning. Such worker has continued the performance of duties in an unsatisfactory manner for a period of 30 days from the date of such warning.

3. The worker shall have the right to be assisted by a representative of the workers or the union or any other person selected by such worker to defend himself against claims related to his conduct or performance that may lead to the termination of his employment contract.

4. The employer may consult the workers' representatives before making a final decision on the termination of any employment contract.

Article 144

A decision to impose the penalty shall be issued in writing and shall be served to the worker who may not claim that he has not been served after 10 days of the issuance and placement of the decision on the notice board or at the workplace.

Article 145

1. The worker may challenge the decision of the imposition of a penalty be-

fore the competent labour court within 15 days from the date of being so notified. The decision of the court shall be peremptory in this respect.

2. If the penalty were the dismissal from work, the period for filing the challenge before the labour court shall be within 30 days from the date of notification of the worker of the dismissal decision. Such decision may be subject to challenge by cessation before the Federal Court of Cessation within 30 days from being so notified.

3. During the trial thereof before the competent labour court, the burden of proof shall be upon the employer regarding the violations in respect of which the penalty has been imposed against the worker.

CHAPTER 15 COLLECTIVE AGREEMENTS AND NEGOTIATIONS

Article 146

1. It shall be up to the unions and associations or the workers' representatives elected in accordance with the provisions of this Law, in the absence of the labour associations, to enter into collective labour agreements on behalf of their members with an employer or a group of employers, or one or more employers' associations.

2. The parties to the collective negotiation shall consist of the labour associations or elected representatives of workers, (in the absence of the labour associations) and an employer or a group of employers or their associations.

Article 147

1. The collective negotiations shall aim at the following:

(1) Cooperation between the labour associations and the employers or their

associations, to achieve social development for workers.

(2) Improving the terms and conditions of employment.

(3) Regulating the work relations between workers and employers.

(4) Regulating the relationship between the employers or their associations and the labour associations.

(5) Settling labour disputes that may arise between workers and employers.

2. According to the level the parties deem appropriate to conduct negotiations, the negotiating parties shall have the freedom to determine the level of negotiation without any interference from any other party, whether at the project or sector level or any part thereof, or at the regional, governorate, or national level.

3. Collective agreements resulting from a negotiation at the project level must not include provisions less useful than those included in agreements at a higher level involving the same project, unless such agreements provide otherwise.

Article 148

1. The employer may not refuse to negotiate, when provided with a written request to negotiate from one or more unions representing more than 20% of the project's workers who shall be encompassed by the collective agreement.

2. If one or more unions in the project do not represent the percentage specified in Clause 1 hereof, the Ministry may, as requested by either negotiating parties, make a secret ballot for at least 60% of the employees in project who are not represented in such union organizations, to verify the percentage of workers who support the negotiation and authorize such unions to do so on their behalf. If such percentage of workers, who support the negotiation, exceeds 50% of the number of participants in the ballot, then the employer will be obliged to negotiate.

3. Negotiations shall take place among representatives of the union organization in the project, the union concerned, and the employer.

4. Should there be more than one union representing the project's workers, some or all of such unions may agree on representing their affiliates of the project's workers by providing a common call for negotiation; in such case, the employer may not refuse to negotiate.

5. In the absence of a union organization in the project, negotiation shall be made between the employer and three of the elected project's workers in accordance with instructions issued by the Minister in this regard, with the presence of two representatives from the most representative federation of labour unions or another labour association selected by the project's workers.

6. Unions covered by Clause 4 hereof, without the interference from any other party, may take the necessary arrangements to ensure the joint representation in the negotiation process for the workers they represent. For example, one union or more in the project would authorize another union in the same project in writing to negotiate on behalf of all unions with the employer, or that the unions in the project mutually agree to determine the percentage of participation of their own representatives in the joint negotiation team with the employer according to the percentage of representation of each of them of the project's workers, or in any manner that the unions deem fit to ensure the representation of their members in the negotiation process.

7. Any union may negotiate on behalf of their members if such unions disagree on providing a common call to negotiate.

Article 149

1. The party who wishes to negotiate must send the other party a written request informing him with the wish to conduct negotiations stating the matters he wishes to negotiate.

2. The party who received the request to negotiate shall notify his position in writing to the other party within a maximum period of seven days from the date of receipt of the said request.

3. The concerned union and the employer shall conduct collective negotiations in good faith to conclude a collective agreement within 14 days of receipt of the written reply from the other party, provided that the negotiation period does not exceed 30 days from the date of commencement of negotiation.

4. The negotiating parties and their associations shall submit to the other party the necessary data and information relating to the negotiated matters, to ensure smooth progress of the collective negotiations. Both negotiating parties may request such data from their respective associations.

Article 150

1. The agreement resulting from the negotiations for a collective agreement shall be registered in accordance with the conditions and rules for collective work agreements provided for in the Law.

2. If negotiations do not result in an agreement between both parties; either party may request the Department in writing to take the necessary steps to resolve the dispute with the provisions of this Law.

3. In the event that there is a signed collective agreement, the parties to the agreement must go through collective negotiations to renew the agreement before three months of the expiry thereof. If such period expires without an agreement on the renewal, the agreement shall remain valid for an additional three months and the negotiations shall still be ongoing for the purpose of the renewal thereof. If the last period expires without an agreement, either party to the agreement may request the Department in writing to take the necessary steps to resolve the dispute with the provisions of this Law.

Article 151

1. The collective agreement shall be legally binding upon the parties thereto and upon any person signing on their behalf.

2. The collective agreement shall legally include all the project's workers represented by one or more unions representing at least 50% of the project's workers in the collective negotiation that has given rise to the conclusion of such agreement.

3. In the event that the employer provides better working conditions for non-union workers, such conditions shall be automatically extended to include union workers.

Article 152

1. If the union or unions in the project do not represent the percentage referred to in Clause 2 of Article 151 herein, then the concerned union or unions may request to expand the scope of the agreement to include non-union workers in the project or who belong to the same professional groups or categories covered by the agreement.

If the employer refuses such request, the concerned union or unions may request the Ministry to make a secret ballot at the project, and such agreement shall be deemed to cover all workers if more than 50% of the votes of the participants in the secret ballot agree on the expanding of the scope of the agreement, provided that the number of participants in the ballot shall not be less than 60% of the total number of workers at the project, while the Ministry must ensure the participation of the majority of non-union workers in the said ballot.

2. When the minimum number of votes that agree on the expansion of the scope of the agreement in accordance with Clause 1 hereof is not reached, the

collective agreement at the project level shall include all workers who are represented by the union or unions in the collective negotiation that resulted in the conclusion of the agreement.

3. The union associations, employers and their associations, who are not parties to the collective agreement, shall join the agreement after the registration thereof with the Department. Such joining shall be upon a request signed by both parties and submitted to the Department for registration.

4. The provisions of the collective agreement shall be applicable to workers who are recruited after the validity of the agreement.

Article 153

1. Any party may submit an application to the Ministry to render a decision to include all the workers of the vocational sector in the agreement, subject to the following:

(1) The collective agreement must include a number of workers and employers that the competent Ministry or an authority not affiliated to a Ministry deem adequate for representation.

(2) The application for the inclusion within the scope of the agreement must be submitted by one or more workers' association or employers, which is a party to the agreement.

2. The Department shall declare the application to expand the scope of the agreement and invite the parties concerned to submit observations within 30 days from the date of submission.

3. The decision of inclusion issued hereunder must determine the scope of the agreement in a concerned region or governorate, or may be extended to become at a national level.

Article 154

1. The collective agreement may, inter alia, provide for the following:

(1) The names and places of residence of the parties to the agreement.

(2) The scope of the agreement.

(3) The date of entry into force of the agreement.

(4) Term of the agreement, not to be less than one year.

2. The collective agreement may include provisions, inter alia, relating to:

(1) Wages imposed by the employers and the mechanism for determining such wages.

(2) Working hours, paid holidays, overtime wages and any other right.

(3) Probation period.

(4) Disciplinary rules and penalties.

(5) Organizing the practice of the profession and vocational training programs.

(6) Procedures for improving work conditions and occupational health and safety.

(7) Procedures for reviewing, amending and terminating the collective agreement or any part thereof.

(8) Union's rights.

(9) Rights of workers' representatives.

(10) The relations between the employer or employers and unions.

(11) The collective agreement's implementation mechanism.

(12) Dispute settlement procedures.

3. Collective agreements may not comprise provisions that grant workers rights lower than those granted under the provisions of this Law or any other law.

4. Individual employment contracts may not comprise provisions that grant

workers' rights lower than those granted under the collective agreement.

5. The collective agreement may not comprise provisions contrary to the provisions of this Law.

Article 155

1. The collective agreement shall be registered with the Department within a maximum period of 30 days from the date of filing by the concerned parties; a copy of the agreement shall be provided, stating the date of registration.

2. The Department shall notify parties to the agreement in writing of any difference or disagreement in the collective agreement with the provisions of this Law within a period of 30 days from the date of the filing with the Department.

3. The employer shall display the collective agreement related to his project in a prominent location at the workplace.

Article 156

The collective agreement shall be terminated in the following situations:

(1) Upon mutual agreement.

(2) Upon expiry if the term of such agreement is closed.

(3) Upon termination by either party, after three years have passed since its entry into force if it were an open agreement or if its term were for more than three years, provided that the other party is notified thereof 90 days before the expiry of the term.

(4) Upon the closure of the project if the agreement were at the project level.

(5) The collective agreement at the project level shall not be terminated if its ownership or part thereof has been transferred to a new owner.

CHAPTER 16 COLLECTIVE AND INDIVIDUAL LABOUR DISPUTES

Article 157

1. If a dispute arises about existing rights which are being represented by the implementation of the provisions of this Law and other laws in for governing labour and workers, or a collective agreement in force or arbitral award, any or both parties to the dispute shall been titled to refer the dispute to the Department to decide and issue the appropriate decision in respect of the dispute submitted within 14 days from the date that the department receives a written notice thereof. No matter whether such dispute is an individual dispute between the worker and the employer, or collective dispute between all of the workers or their associations on the one hand, and an employer, employers or their associations on the other hand, and the collective agreement did not include dispute resolution mechanisms.

2. The decision of the Department shall be binding on the parties to the dispute.

3. If the dispute is not resolved in accordance with the provisions of Clause 1 hereof or if any of the parties to the dispute is unsatisfied with the content of the Department's decision on the subject matter of the dispute, any party may resort to the labour court to resolve the dispute.

4. The labour court must decide the subject matter of the dispute within 30 days from the date of submission of the claim and the court's decision shall be conclusive.

Article 158

1. Any party to the collective dispute, whether the dispute relates to existing rights or future interests, may submit to the Department a written notice of the existence of the dispute and the latter shall provide copies of such notice for the other parties to the dispute.

2. The notice provided for in Clause 1 hereof shall include the following details:

(1) Names and addresses of the parties to the dispute.

(2) Subject matter of the dispute and the facts and circumstances that gave rise thereto.

(3) Any actions taken to resolve such dispute, if any.

Article 159

1. Upon receipt of the notice of the dispute, the Department shall appoint a mediator with experience in labour issues to act as intermediary between the parties to the dispute to bring together the points of views of the parties in order to reach an agreement to settle the dispute. Such mediator shall make the necessary calls with the parties to hold a meeting between them to examine the merits of the dispute within a period not exceeding five days from the Date on which the department had been notified of the dispute, if the dispute about future interests related to the proposal to amend employment conditions or adopt new employment conditions.

2. The mediator referred to in Clause 1 hereof must have expertise in the subject matter of the dispute. Such mediator should not have an interest therein nor should have participated in any way in the examination of or any attempt to settle such disputes in the past.

3. The mediator shall have all the powers necessary to examine the aspects of the dispute, the relevant documents of the parties, aspects and causes of the dispute, and request details and information related to the subject matter of the dispute from both parties.

4. The mediator shall hear the statements of the parties to the dispute and provide assistance for them in order to reach a settlement to the dispute. In the event of reaching a settlement of the dispute, the terms of such settlement shall be included in the minutes of the meeting and shall be deemed to be final and binding on all parties.

5. If the mediator is unable to bring together the points of view, he shall submit to both parties to the dispute in writing his proposed recommendations to resolve the dispute.

6. If both parties to the dispute accept the recommendations provided by the mediator, he must then confirm this with a written agreement signed by both parties.

7. If one party accepts the mediator's recommendations and the other party rejects them, the latter shall state the reasons for such rejection; in such case, the mediator may give the rejecting party a time limit of not more than three days to change his position. If the rejecting party changes his position and accepts such recommendation, the same shall be confirmed in a written agreement signed by both parties and the mediator, and such agreement shall be final and binding on both parties to the dispute.

8. If both parties agree to accept only some of the mediator's recommendations without the others, the accepted recommendations shall be confirmed by a written agreement signed by both parties and the mediator, while the provisions of this Law regarding voluntary arbitration shall apply to the rejected recommendations.

9. If mediation does not result in a mutually-acceptable resolution to both parties in whole or in part, the mediator shall submit a report in this regard to the

Department stating a summary of the dispute, the proposed recommendations, and the position of both parties, within 14 days from the date of the first hearing.

10. In case of failure of the mediation procedures between both parties to the dispute, the mediator may suggest to both parties to submit a written request to the Department in order to resolve the dispute through voluntary arbitration.

Article 160

1. An arbitral panel shall be formed as decided by the Minister to look into the disputes over future interests.

2. The arbitral panel shall decide the dispute presented within two months from the date of its first hearing.

3. After the agreement with the parties to the dispute, the arbitral panel may extend the period of the dispute determination within a period not exceeding two additional months if the dispute is not settled within the period specified in Term 2 hereof.

4. The arbitral panel may decide to hear witnesses and experts in relation to the merits of the dispute, visit the project, examine all the documents related to the dispute, and take the actions that enable it to decide the dispute.

5. The arbitral award shall be issued in three copies, each party receiving a copy. The third copy with the dispute file is to be sent to the Department within a maximum period of three days from the date of the award.

6. The Department shall register the award within a maximum period of 30 days from the date of receipt of the award. Both parties to the dispute or their representatives may obtain a copy of such award, including the date of registration.

7. Any of both parties to the dispute may challenge the tribunal's award before the labour court within 14 days from the date of being notified so in writing if there is a material error in the award or in the proceedings which affects the

validity of the award, or if the award has been issued without written evidence or upon invalid agreement or if the award falls outside the scope of the agreement.

8. The award of the arbitral tribunal shall be binding on the parties after being registered in the Department, and shall be enforced after becoming final.

9. The provisions of the Iraqi Procedure Law shall apply in respect of formation of arbitral panels and operation and decision-making mechanisms.

Article 161

1. The collective dispute concerning future interests shall be resolved by arbitration in any of the following cases:

(1) If all parties to the dispute agree to refer the dispute to arbitration.

(2) Upon request of the labour association or one of the parties to the dispute, if the dispute is about negotiations or the drafting of the first collective agreement of workers who are represented by such union.

(3) If the dispute is related to a service, the interruption of which threatens life, safety or public health of all or some of the residents.

2. The Ministry shall consult with the most representative associations of employees and employers to determine the key services referred to in Term (3) of Clause 1 hereof.

3. If the parties to the dispute fail to reach an agreement in the workplace of key services referred to in Term (3) of Clause 1 hereof, then the Ministry may present the dispute to the labour court for determination, and the court shall determine a date to examine the dispute within 48 hours from the date of receipt of the request.

4. The labour court shall determine the dispute within seven days from the expiration of the period provided for under Clause 3 hereof.

5. The decision of the labour court shall be subject to challenge in cessation before the Court of Cessation within 15 days from being notified so or deemed no-

tified so.

6. The Court of Cessation shall decide the challenge within 15 days from the date of receipt, and such decision shall be final.

Article 162

1. If the procedures of resolving a dispute on future interests end without an agreement being reached, then the labour association, or in the absence of a union, the elected workers' representatives, may resort to a peaceful strike for defending the professional, economic and social interests of its members.

2. The labour association or the elected workers' representatives in the absence of a union intending to hold a strike, must send a written notice to the Ministry and the other party before at least seven days from the date of such strike.

3. The notice must include the reasons for the strike and the time specified therefore.

4. The strike may not be held to review or amend the terms of a valid collective agreement.

5. The strike must be peaceful.

6. The workers' association involved in the dispute may not declare the strike as long as the processes for the resolution of such dispute have not ended in accordance with the provisions of this Law.

7. The workers and their union associations may not strike in the projects in which the interruption of work threatens the life or public safety or health of all or some of the residents.

8. The workers on strike may not impede the freedom of work or carry out any act that would prevent any other worker, the employer or his representative from going to the workplace and performing their usual work, whether by act, threat, violence, offence, or by occupying the workplaces or causing damage to

the property.

Article 163

1. The work relations between the employer and the workers or their representatives shall not be severed during the strike.

2. The employer may not punish the workers with any penalty for exercising or calling for strike as long as it is made in accordance with the provisions of this Law.

3. The employer may not replace workers on strike with others employed permanently or temporarily.

4. The employer may not submit a request for the total or partial closure of the project, or reduction of the size or activity of the project during the stages of dispute resolution.

5. The strike suspends the employment contract but does not terminate it.

Article 164

1. During the strike, the Ministry may hold a meeting in the presence of the parties in order to resolve the dispute, and if the parties do not attend such meeting, a fine of not less than 100,000 Iraqi Dinars and not more than 500,000 Iraqi Dinars shall be imposed on such parties.

2. The meeting or the invitation thereof shall not preclude the right of workers and their union associations to continue with the strike.

CHAPTER 17 LABOUR JURISDICTION

Article 165

One or more labour courts shall be constituted in each governorate consisting of:

1. A judge nominated by the Chief Justice of the Supreme Judicial Council on the proposal of the President of the Court of Appeal.

2. A representative of the most representative general federation of workers.

3. A representative of the most representative federation of employers.

Article 166

1. The labour court shall have the jurisdiction to try the following:

(1) Civil and criminal lawsuits, actions and disputes provided for under this Law, the workers' pension and social security law and other statutes.

(2) Provisional decisions in lawsuits falling within its jurisdiction and in the absence of a labour court, the court of first instance shall have such jurisdiction.

(3) Other lawsuits and matters in respect of which the laws provide for the jurisdiction of the labour court.

2. The worker, who is the plaintiff or his union, shall be exempted from the fees of instituting the lawsuit at all stages of litigation.

3. Labour lawsuits shall be considered urgent lawsuits.

4. Amounts of fines imposed by labour courts on employers under this Law shall be vested in the workers' security and pension fund.

Article 167

A tripartite body in the Court of Cessation shall be formed by a decision of the Supreme Judicial Council, and shall be called the Labour Issues Commission to try challenges provided for under this Law.

Article 168

1. The judgments by the labour court shall be subject to challenge by objec-

tion to the judgment in absentia, and to cessation and retrial.

2. The judgment issued by the labour court shall be subject to challenge before the Court of Cessation within 30 days from the day after notice has been served.

3. The Court of Cessation may confirm or reverse the judgment in cessation or decide the subject matter of the lawsuit in accordance with the provisions of this Law.

4. The convicted may object to the judgment in absentia issued against him by the labour court within 10 days from the next day after being notified so.

Article 169

The employer shall eliminate the consequences of the violation he is sentenced for within 60 days from the date in which the decision became final, and if the adjudged repeats the violation, he shall be punished with twice the penalty imposed on him pursuant to the provisions of this Law.

CHAPTER 18 GENERAL AND FINAL PROVISIONS

Article 170

1. The labour sectors in regions and governorates not organized in a region shall, in coordination with employers and unions, provide each worker with a labour card for free according to a general specimen prepared by the Ministry, based on a national database in which all the basic information contained in his file shall be registered. Such card must include a recent photo of the worker and the social security number for the worker covered by workers' pension and social security law or any other law in force replacing it, and must bear the seal and signature of head from the labour sector.

2. The worker shall return the labour card issued under this Law to the labour sector upon permanent appointment as an official of the government departments, public or mixed sector. Such worker shall inform the department thereof for the purpose of calculating his labour service, except he is appointed for the first time; then, he shall submit an undertaking certifying that he has not previously worked for any other party.

Article 171

The following laws and resolutions are repealed:

1. Law No. 30 of Year 1998, the cancellation of the labour card in the private sector law (No. 64 of Year 1983).

2. The resolution (No. 368) issued by Revolutionary Command Council on September 9th of Year 1990 permitting the employment of juveniles who are above the age of twelve in the private, mixed and cooperative sector projects.

3. The resolution (No. 600) issued by Revolutionary Command Council on April 27th of Year 1980 on the non-calculation of the period of practising the profession for retirement purposes.

4. Resolution No. 1057 issued on July 5th of Year 1980 on the calculation of the period of practising the profession that may be calculated as permitted by the laws in force for determining the salary of the Arab citizen who has acquired citizenship.

5. The Coalition Provisional Authority (CPA) Order (No. 89) issued on the May 30th of Year 2004.

6. Resolution No. 480 of Year 1989 is repealed.

Article 172

The labour law (No. 71 of Year 1987) is repealed and the regulations, instructions and bylaws issued thereunder shall remain in force to the extent that they does not contradict the provisions of this Law pending the promulgation of a substitute or the abolishment thereof.

Article 173

The Minister shall issue instructions and bylaws to facilitate the implementation of the provisions of this Law.

Article 174

This Law shall enter into force after 90 days from the date of its publication in the official gazette.